浙江省哲学社会科学规划课题研究成果（

实现新兴产业创业成功
与高成长的机制研究

——机会、创业者、创业阶段、动态能力、资源转化视角

朱沛　著

吉林大学出版社

·长春·

图书在版编目（CIP）数据

实现新兴产业创业成功与高成长的机制研究：机会、创业者、创业阶段、动态能力、资源转化视角 / 朱沛著.—长春：吉林大学出版社，2020.7
ISBN 978-7-5692-6053-3

Ⅰ.①实… Ⅱ.①朱… Ⅲ.①新兴产业－创业－研究－中国 Ⅳ.① F269.24

中国版本图书馆 CIP 数据核字 (2019) 第 298451 号

书　　名	实现新兴产业创业成功与高成长的机制研究
	——机会、创业者、创业阶段、动态能力、资源转化视角

SHIXIAN XINXING CHANYE CHUANGYE CHENGGONG YU GAOCHENGZHANG DE JIZHI YANJIU
——JIHUI、CHUANGYEZHE、CHUANGYE JIEDUAN、DONGTAI NENGLI、ZIYUAN ZHUANHUA SHIJIAO

作　　者	朱沛著
策划编辑	李承章
责任编辑	安斌
责任校对	王蕾
装帧设计	云思博雅

出版发行	吉林大学出版社
社　　址	长春市人民大街 4059 号
邮政编码	130021
发行电话	0431-89580028/29/21
网　　址	http://www.jlup.com.cn
电子邮箱	jdcbs@jlu.edu.cn
印　　刷	湖南省众鑫印务有限公司
开　　本	880 mm×1230 mm　1/32
印　　张	8.25
字　　数	200 千字
版　　次	2020 年 7 月第 1 版
印　　次	2020 年 7 月第 1 次
书　　号	ISBN 978-7-5692-6053-3
定　　价	68.00 元

前　　言

　　本书是浙江省哲学社科规划研究项目的研究成果，研究新兴产业创业现象。由于新兴产业创业是对中国经济发展贡献最大的一个创业类型，此现象里面存在着许多现有创业理论没有解释的问题，存在很多新发现和理论创新的空间，研究成果可以对中国新兴产业创业者提供指导借鉴，可以对国家和地方政府支持新兴产业创业提供启发，所以值得研究。

　　论文是对现象的某些特定视角的研究，论文的篇幅有限，不能呈现案例现象的完整性，不能描述多个较长期时间跨度的案例。多篇论文堆砌只能成为研究和理论碎片。专著书籍能呈现特殊类型创业现象的案例完整性，能描述多个较长期时间跨度的案例，能包含多视角的多篇论文，能从不同视角研究和解答现象中存在的问题，能建立特殊类型创业理论，因此值得撰写专著书籍。

　　全书共分五章。第一章绪论。第一节说明研究的创业现象类型与研究意义；第二节说明四个研究案例，以及对现象的研究范围与重点视角；第三节说明整本书各章节之间的相互关系，以及各章节聚焦的子现象与研究内容。第二章研究创业者识别新兴产业早期不明显的创业机会。第一节研究新兴产业早期阶段的哪些特征使创业机会不明显；第二节研究为什么相关产业特定创业者能领先发现新兴产业早期不明显的机会。第三章研究创业者如何评价创业机会，建立机会价值评估理论模型。第四章研究新兴产业创业过程中实现创业成功与高成长的机理。第一节叙述案例研究方法，描述案例故事；第二节研究创业过程中实现高成长的机理，包含利用早期机会、顺序执行创业阶段、快速进行资源转化；第三节研究创业过程中实现高成长的机理，包含转型升级商业模式、为下一阶取得高级人才、建立段短期动态能力。第五章研究相同产业成长期或技术改变期创业的执行阶段，创业者利用上游新组件形成的创业机会实现产品差异化、优势、利润的影响关系。建立的理论模型可以应用于创业机会识别过程的机会评价阶段，建立机会价值评价理论模型。

　　附录的论文研究创业者的创新知识形成的创业机会，对产品差异化、优势、利润的影响关系。建立的理论模型可以应用于创业机会识别过程的机会评价阶段，建立机会价值评价理论模型。

　　本书的研究成果，对新兴产业创业理论、创业机会理论、机会识别理论、机会价值评价理论、创业阶段理论、资源转化理论、团队更新理论、动态能力理论有贡献。

目　录

第一章　绪　论

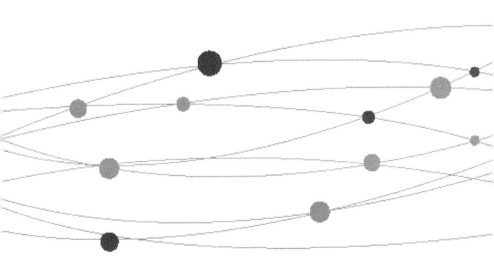

第一节　研究现象与研究意义

一、创业现象分类、本研究聚焦的类型

笔者已经按照产业相关性和产业生命周期所处阶段两个维度，提出了创业现象分类架构（如图1所示）。笔者以单一案例初次探索了低相关产业创业现象，研究了方太案例。在本研究项目中和本书第四章，笔者已经采用案例研究方法研究了相同产业成长期和技术改变期创业现象的执行阶段，建立了利用上游新组建形成的创业机会实现产品差异化优势、利润的理论模型，研究了瑞传、世洋案例。

	初创期	成长期	成熟期	技术改变期
高（相同产业创业）		瑞传		世洋
中（相关产业创业）	大疆创新、阿里巴巴	方太		
低（非相关产业创业）				

图 1-1　创业现象的分类模型

本项目是针对相关新兴产业创业的特殊类型现象，包含相关产业萌芽浮现期创业和成长期创业两个子类型。目前，国内外没有专门对此现象进行研究的文献。Chandler（1996）用二次回归分析得出，自变量事业相似性从"高—中—低"，则应变量创业绩效平均值呈现"较高—最高—很低（失败亏损）"的∩形抛物线关系。这项实证研究显示，进入相关新兴产业创业，事业相似性中等可能产生高绩效、高获利与高成长，因此值得

深入研究。

二、研究现象：利用新兴产业早期机会创业可以实现高成长

中国这种发展中国家的传统产业的新创企业不容易赶超发达国家传统优势产业的企业，例如汽车业。在发展中国家，中国的许多相关新兴产业创业的新企业实现了高速成长，使中国的新企业赶超了发达国家新兴产业的企业，甚至发展成为全球领导厂商。这类创业是创业母体中最重要的创业类型，对国家经济的快速发展和结构升级调整贡献最大，对就业和所得提升贡献巨大，而且是既有产业公司难以发展出的。例如案例一：1995 年 4 月马云在美国西雅图发现了互联网创业机会，然后他与何一兵、张英创立了中国黄页。马云成为第一位进入中国互联网新兴产业的创业者，没有落后美国很多，当时美国正处在互联网创业的早期成长阶段。马云的第一次互联网创业经历了挫折，没有成长起来。1996 年 3 月，中国黄页被国企竞争对手合并与收编，到 1997 年年底马云退出合资公司。在 1997 年年底到 1998 年年底，马云的团队成为北京外经贸部的网站建设施工队。1999 年年初，认知升级的马云看到了更大的机会，他带领团队从北京外经贸部辞职回到杭州，在相关的互联网新兴 B2B 细分产业创立了阿里巴巴公司。2018 年阿里巴巴公司市值达到 4 300 亿美元，是市值排名第六的全球互联网企业，有员工 34 000 人，带动了中国多产业经济发展。案例二：2006 年香港科技大学毕业生汪涛成功设计了遥控直升机飞控系统的自动悬停功能，然后在深圳创立了大疆创新公司，成为中国与世界第一位进入消费级无人飞机的创业者。2017 年大疆创新的营业额为 180 亿

元人民币，净利润为 43 亿元人民币，员工人数为 12 000 人，估值 150 亿美元，占全球市场份额的 70%，是全世界最大的航拍无人机公司。

这类创业存在困难、风险高，因为创业者缺乏丰富的知识资源；产品技术需要投资，达到商业化成功的周期很长；早期市场规模小，大资本竞争者的进入，使得新企业难以盈利和生存；商业模式要探索创新。

三、研究意义：促进中国新兴产业创业，赶超发达国家

（一）理论价值

目前没有学者专门研究这类现象，没有建立解释这类创业的理论。因此从创业理论发展的角度看，值得先用案例研究建立起一套解释这类现象的新创业理论，整合多种观点解释相关新兴产业创业成功与高成长性。研究结果对创业理论的发展有贡献，也能指导这类创业走向成功。下面将说明现象里存在着许多没有解决的值得研究的问题，可以通过研究建立创业理论。研究成果对创业机会、动态能力、创业阶段、创业团队、资源转化等理论的发展有贡献。建立的整合理论模型，对这类现象有更高的解释力和实用价值。

（二）实用价值

从实用角度看，这类创业对国家经济发展有重大推动作用，值得政府和社会的鼓励与支持。研究的实用价值包含：（1）新理论可以帮助创业者走向成功与实现高成长；（2）可激发更多新兴产业的创业活动，更好地推进"大众创业、万众创新"，有利于供给侧创新，促进新兴产业转型升级，调整结构，推动中国经济产值、就业和所得成长；（3）提供政策制定依据。

第二节　案例现象观察与启示

一、案例企业进入产业的名次、高成长时期、目前产业地位

本项目研究了马云创立的中国黄页、阿里巴巴,以及携程网、大疆创新、威鹏 5 个新兴产业创业案例。中国黄页可以作为独立的两个企业案例,也可以作为一个创业者马云的案例,下面会详细说明。

（一）中国黄页案例

马云、何一兵于 1995 年 4 月创立了中国黄页公司。它是中国互联网新兴产业萌芽浮现的极早期的第一进入者,也是中国互联网电子商务新兴产业极早期的第一进入者,与美国的互联网企业的创业时间比,没有落后很多。1995 年 4 月,中国与美国的互联网还没开通,还没有任何一家中国互联网公司。1995 年 7 月上海才开通了互联网,中国网民人数从零开始,逐年数倍增加。从 1993 年开始,美国已经有 AOL(1991)、Yahoo(1994)、Amazon（1995 年 7 月）等许多互联网公司创立。1995 年 4 月美国互联网新兴产业处于成长早期。

中国黄页是一个新兴产业创业没有成功的案例,是反面案例。不同研究案例的结果有变异,包含成功与失败的,更有助于建立好的理论,可以分析出导致成功或失败的原因。例如中国黄页没有在第一阶段成功后尽快融资成功,没有取得人才建立动态能力,后来导致失败。

（二）阿里巴巴案例

1. 阿里巴巴的创业时点、进入名次

马云的团队在 1999 年 1 月创立了阿里巴巴公司。它是中国互联网新兴产业成长期的进入者，也是中国和世界 B2B 商业模式的互联网电子商务新兴细分产业萌芽浮现期的极早期第一进入者。1998 年年底，马云在北京外经贸部看到了新机会，想出了开发 B2B 商业模式的网站。它主要服务中小型企业的客户，只对买卖两方商人服务，只提供交易前的商业信息交流。让商人在网站内搜索找到对方，在线上交流信息，线下完成交易，为双方创造价值。网站主要不服务大企业，不做交易中付款和交易后的送货服务，不提供商业信息之外的政治、财经、娱乐、新闻等信息。

2. 阿里巴巴高成长阶段的时期

阿里巴巴于 1999 年 1 月创立，到 2003 年年初实现盈利，属于生存期（改善期）阶段，收入和利润成长性不高。从 2003 年阿里巴巴持续销售中国供应商产品和诚信通产品，并且创立了 C2C 商业模式的淘宝网新事业部，到 2007 年淘宝网大胜 ebay 易趣，这一阶段是高成长阶段。

3. 阿里巴巴高成长后的市场地位

阿里巴巴在 2017 年的收入为 1 582 亿元人民币，利润为 744 亿元人民币（108 亿美元），市值超过 4 300 亿美元，是电子商务平台中的全球领导企业。

虽然从中国黄页到阿里巴巴不是连续的创业过程，中间存在没有创业的阶段，但是中国黄页与阿里巴巴的创业者是同一个人。马云在中国黄页经营的基础上，以及在北京外经贸部做中国国际电子商务中心网站的经验的基础上，在认知升级中发现了阿里巴巴的创业机会。没有中国黄页就不会有阿里巴巴，两个企业实际是新兴产业的同一个创业者创建的商业模式的不同阶段。两个企业即可以作为独立的企业案例，也可以作为同一个创业者的相关案例。作为独立的企业案例可以解释正确和错误的创业阶段战略影响创业的成败，以及有没有在阶段中进行资源转化与建立动态的能力，这也影响创业的成败。作为同一个创业者的相关案例，研究创业者率先发现了新兴产业极早期的创业机会，然后通过认知升级发现商业模式转型升级的新机会，才能使他创建的新企业在未来实现高成长，解释其在新兴产业极早期发现的创业机会的价值更高。

（三）携程网案例

1. 携程网的创业时点、进入名次

梁建章、季琦、沈南鹏、范敏四人于1999年4月创立了携程网公司。它是中国互联网旅游服务和电商网站新兴产业的第三进入者，是在产业的成长早期进入的，当时竞争者还没有发展出盈利模式。1997年6月武汉联合信息网络有限公司创立了中国旅游信息网。1997年9月由中国国际旅行社总社、广东新太信息产业有限公司、华达康投资控股有限公司共同投资创立了华夏旅游网。到1999年年底，这两个竞争者还没有发展出盈利模式。1999年年中，中国互联网产业处于成长早期，当时中国网民的人数大约有500万人，每年以两倍的速度增加。

2. 携程网高成长阶段的时期

携程网于1999年4月创立，到2002年2月实现盈利，属于生存期（改善期）阶段，收入和利润成长性不高。在2003年以后是收入利润高成长的阶段。

3. 携程网高成长后的市场地位

携程网在2017年的营业收入为267.8亿元人民币，归属携程股东的净利润为 21 亿元人民币，是中国旅游服务电商网站的领导企业。

（四）大疆创新案例

1. 大疆创新的创业时点、进入名次

汪涛等 3 人于 2006 年 1 月创立了大疆创新公司。它是遥控直升机传统产业在全球卫星定位技术出现后的技术改变期，升级到自动航行的民用消费级无人直升机新兴产业极早期进入中国和世界的第一个进入者。从 2000 年到 2005 年，美国军方已经成功研发并测试了 MQ-8B 无人武装直升机，它可以利用全球定位系统按照规划航线自动航行与悬停。从 2001 年到 2006 年，日本雅马哈公司一共向中国出口了 9 架 RMAXL181 型无人直升机，后来禁止出口。该机载重 20 公斤，配有稳定飞行控制系统，完整的 GPS 全球定位系统，行程记忆系统。

2. 大疆创新高成长阶段的时期

大疆创新于 2006 年创立，到 2008 年年底，已经成功研发第一代汽油动力的单旋翼无人直升机飞控系统，实现商业化盈利，属于生存期（改善期），收入利润成长性不是最高。从 2009 年到 2010 年，研发在飞行变动中保持航拍镜头稳定对准拍摄目标的云台系统。从 2011 年到 2012 年，在研发中修改飞控系统，转型到电池动力的四旋翼无人直升机，之后才进入收入利润最高成长的阶段。

3. 大疆创新高成长后的市场地位

大疆创新在 2017 年的销售额达 180 亿元人民币，企业估值超过 150 亿美元，是全球航拍无人飞机领导企业，占全球市场份额的 70%。

（五）威鹏案例

1. 威鹏的创业时点、进入名次

吴诣泓与黄俊杰在 2007 年 10 月创立的威鹏公司是大中国

区（包含台湾、香港与中国大陆）手机移动广告新兴产业的第一进入者，全世界的第二进入者，是在移动广告产业萌芽浮现的极早期进入的。全世界第一家手机移动广告公司 Admob 于 2006 年在美国创立，2009 年被 Google 以 7.8 亿美元购并。全球第三家手机移动广告公司 Inmobi 于 2007 年在印度创立，在 2008 年转型进入移动广告产业，与威鹏创立的时间差不多。2007 年 7 月苹果的第一代 iPhone 上市并进行销售，智能手机用户的人数从零开始，逐年数倍成长。2009 年 iPhone3 上市以后，手机上网用户增加，移动互联网广告产业才开始成长起来。

2. 威鹏高成长阶段的时期

威鹏的成长性不高。在 2011 年以后其产业成长性高，但是许多竞争者进入产业，负毛利的价格竞争导致威鹏产生了经营危机，后来退出了移动广告产业最大的中国大陆移动广告平台市场。

3. 威鹏现在的市场地位

威鹏在创业过程中到 2011 年 7 月还在生存期阶段，新企业还没有盈利，但是成功融资了 700 万美元。之后由于威鹏的错误战略，使其跳过生存期，过早进入成长早期扩张市场，导致威鹏出现了危机。危机发生后，威鹏进行了重整，退出了中国大陆移动广告平台市场，没有成长为产业的优势领导企业。

二、观察案例现象得出两点启示

（一）本项目研究在实现盈利之前（生存期）的创业现象

在新企业达到了生存期阶段目标之前，就是跨过盈亏平衡点与实现盈利之前，是本项目的新兴产业创业理论研究最重要和最有价值的阶段。研究的内容包含创业机会，创业过程中产生创业成功和之后高成长的机理，在不同阶段建立动态能力。

（二）在新兴产业早期利用创业机会的价值更高，未来成长性更高

三个成功案例的新企业的高成长阶段都在 5 年以后。显示过去创业成长性的研究，测量新企业 3 ～ 5 年的成长率，得出结论：在产业成长期创业的成长率最高，在产业萌芽浮现期创业的成长率不是最高。这个结论建议创业者最好在成长期创业，最好不要在新兴产业的萌芽浮现期创业。本研究得出的结论可以修正上述研究的错误结论。本研究结果主张，应该在新兴产业萌芽浮现的早期阶段创业，虽然在前 3 ～ 5 年是在生存期求生存，成长性不高的阶段。但是当新企业跨过盈亏平衡点与实现盈利后，到 3 ～ 5 年以后的产业成长期，新企业才有更高的成长性。但是新企业在这个时期的成长性没有被量化创业研究测量出来。率先利用新兴产业极早期的机会可以建立第一进入者优势（Lieberman et al., 1988），它是高成长的基础。

第三节　本书各章节的研究内容与相互关系

一、现象分解、研究聚焦的子现象、各章节的研究内容

为了避开以前已经研究过的子现象，避免做重复的无用功，下面应用现有理论将研究现象进行分解，目的是找出现有文献没有研究的值得研究的子现象。新兴产业创业和新企业高成长是一个长期的过程，这是本项目主要研究创业的阶段。图 2 是对创业阶段现象的分解，以及本项目要研究的子课题。图 2 的中间是时间轴，上半部将创业过程简单分为决策期阶段（也就

是机会识别期），以及执行期阶段（也就是机会开发利用期）。在创业决策期，Lumpkin 等（2004）已经将机会识别的阶段划分为准备、孵化、洞察、评价、精致化 5 个子阶段，笔者整合过去学者对创业执行阶段的分类，建立了创业执行阶段的模型：孕育期、生存期（改善期）、成长早期。生存期可以包含一个商业模式的大阶段，也可能包含商业模式转型升级的几个大阶段，这部分的内容请读者阅读本书第四章第二节。

　　图 1-2 的下半部描绘了与上半部的各个创业阶段对应的本书各章节的研究内容，从中可以看出不同章节之间的关系。第二章聚焦在决策期识别机会阶段中的孵化和洞察两个细分阶段的现象。第一节从机会视角研究"为什么产业早期机会不明显？"。第二节从机会与创业者的关系角度研究，只有相关产业的创业者能率先发现早期机会。第三章聚焦在决策期识别机会阶段中的评价细分阶段的现象，建立机会价值评价理论模型。第四章聚焦在整个创业执行过程，从创业阶段、商业模式、资源转化、动态能力的多种理论视角分解该现象，研究实现创业成功和高成长的机理。第四章第一节描述案例的研究方法和案例故事。第四章第二节研究实现创业成功和高成长的机理——利用早期机会、顺序执行创业阶段、快速进行资源转化。第四章第三节研究实现创业成功和高成长的机理——转型升级商业模式、取得高级人才、建立动态能力。

　　第五章是本项目已经发表的论文（朱沛，2017），附录的论文是在立项前就发表的（朱沛，2010）。建议读者先读第五章的论文和附录的论文，这两篇论文在第二章第一节的研究和第三章的研究中会用到。

　　下面按照顺序说明各章节聚焦的现象与研究内容。

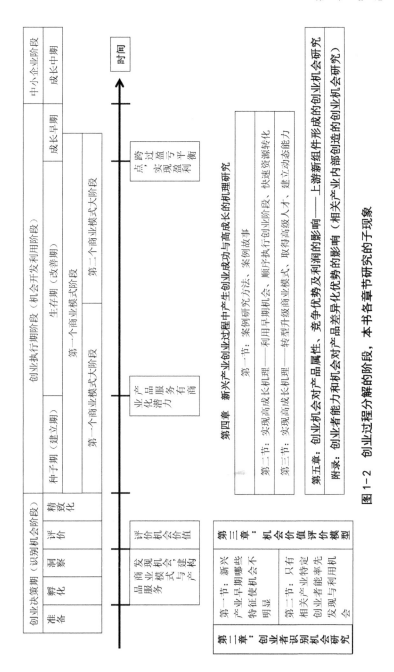

图1-2　创业过程分解的阶段，本书各章节研究的子现象

013

二、决策期创业者识别新兴产业早期不明显的机会研究

从创业现象的起点看，马云是中国互联网新兴产业第一进入的创业者，汪涛是中国与世界消费级无人直升机新兴产业第一进入的创业者，他们二人都在新兴产业的极早期利用了创业机会。因此产业领导企业的源头是创业时利用的机会，第一或早期利用机会可能产生新企业未来的高成长。如果大部分领导企业的创业者是在产业的极早期进入创业，则可以提出研究问题：为什么创业者能发现新兴产业萌芽浮现期的早期创业机会？为什么多数创业者不能发现？本书第一章创业者识别新兴产业早期创业机会研究解答了这个问题。这个问题可以从以下三方面找答案：

（一）新兴产业早期阶段特征使创业机会不明显

1. 从机会特征上找答案

在新兴产业萌芽浮现的早期阶段有什么特征，使创业机会不明显？使多数潜在创业者难以发现创业机会，使特定创业者能率先发现这个机会。过去的研究没有从机会特征上找答案，没有文献研究过哪些因素使机会不明显，没有解释的理论，因此本项目首先做了这个研究。本项目聚焦在机会识别过程的孵化和洞察阶段，从机会视角研究问题，新兴产业早期阶段哪些特征使机会不明显？第一章第一节新兴产业早期阶段特征使机会不明显，论述与证实新兴产业早期阶段哪些特征使创业者建构商业模式和产品服务困难，难以产生盈利，使机会不明显。

创业者想赚钱的内部动机，与机会潜藏着价值（利润）与容易盈利的外部诱因驱动创业者发现机会与行动创业。因此需要应用理论找出因素，解释利用新兴产业早期机会难以盈利，

使机会不明显。本书第五章主要探讨在研究创业执行阶段，创业者发现的外部上游因素形成的创业机会，建立了创业机会影响差异化后的产品竞争属性、产品竞争优势、利润关系的理论模型。附录是本项目负责人在该项目立项前发表的论文，主要探讨在研究创业执行阶段，创业者进入相关产业，利用内部创造的因素形成的创业机会，建立了创业机会影响差异化后的产品竞争属性、产品竞争优势、利润关系的理论模型。该理论模型可以应用于新兴产业创业者识别创业机会的孵化、洞察、评价阶段，研究新兴产业早期阶段特征使机会不明显。

（二）相关产业特定创业者能领先发现和利用产业早期不明显的机会

1. 从机会与创业者的相关性上找答案：研究这个机会与创业者的特殊资源、能力有什么关系？过去的文献已经有探讨机会与创业者之间的关系，但是没有研究过新兴产业早期机会与创业者之间的关系，因此本项目从机会与创业者的相关性视角研究问题：机会与创业者有什么相关性，使相关产业特殊创业者能率先发现和利用机会？本书第二章的第二节：相关产业特定创业者能率先发现和利用新兴产业早期不明显的机会——机会与创业者的相关性研究，就是研究这个问题。

2. 从创业者特征找答案：某个或少数在新兴产业萌芽浮现的早期发现创业机会的创业者有什么特质、资源、能力？过去的研究多数是从创业者身上找答案，聚焦在机会识别的孵化、洞察、评价阶段。由于已经有大量文献研究了创业者的特征，解释他能发现不明显的机会，已经有很多研究成果。因此本项目不研究发现机会的创业者特征，仅在第二章第二节用案例验证现有的理论。

三、创业者评价创业机会研究——建立机会价值评价理论模型

创业者识别了机会以后，要评价出机会价值是否够大，然后决定是否创业。针对决策期创业机会识别过程的评价阶段，过去没有研究文献建立创业者评价机会价值的理论模型。朱沛（2017；2010）的两篇论文建立了创业机会构成变量影响差异化后的产品竞争属性、产品竞争优势、利润的理论模型，这个模型可以应用到评价阶段。因此本项目应用朱沛（2017；2010）的两篇论文建立的理论模型，聚焦到机会识别过程的评价阶段，研究问题：创业者通过哪些因素评价机会价值？第三章的内容为创业者评价创业机会研究——建立机会价值评价理论模型，针对上述问题进行研究。

四、新兴产业创业过程中实现高成长的机理研究

创业者在发现机会做出创业决策之后，进入了创业执行过程，一直到企业实现盈利，这一段较为长期的现象是第三章的研究内容。在相关新兴产业较早发现创业机会，在过程中能建立动态能力，则能实现高成长。但是，目前不清楚的研究问题包括："如何建立动态能力？""在创业过程中产生高成长的机理是什么？"。第四章新兴产业创业过程中实现高成长的机理研究，在章节的首部分先进行说明，该项目原本要研究从创业机会和动态能力的少数视角影响创业成功与实现高成长。但是经过现有理论、案例资料、建立的新理论的交互过程后，扩大到以多视角多因素研究创业过程中实现创业成功与高成长的机理。多视角的因素包含：早期机会、创业阶段、资源转化、商业模式、动态能力。

接着说明因为案例故事很长，为了避免重复和减少篇幅，将第四章第二节和第三节的研究论文中的案例研究方法和 5 个案例故事放到第四章第一节进行描述。下面说明第四章中三节的内容安排以及相互关联。

（一）案例研究方法、案例故事

用第四章第一节的案例研究方法、案例故事叙述第四章第二节和第三节研究中用到的研究方法和 5 个案例故事。

（二）实现高成长机理——利用早期机会、顺序执行创业阶段、快速资源转化

第四章第二节的内容：实现高成长机理——利用早期机会、顺序执行创业阶段、快速资源转化。该标题说明了本节研究产生创业成功和高成长的三种机理，包含利用早期机会、划分创业阶段与顺序执行创业阶段、快速进行资源转化。

第一部分研究创业者早利用机会影响创业成功和高成长的机理。

第二部分研究创业阶段划分，以及创业阶段影响创业成功和高成长的机理。机理是在过程中的阶段存在的，动态能力的研究也要以相邻的两个阶段作为分析单元，因此需要研究问题：创业执行过程应该划分为哪些阶段？第三章第二节依据理论和案例建立了创业执行过程的阶段理论模型。在图 2 中描述了笔者提出的划分创业执行过程的线性成长阶段模型：孕育期、生存期（改善期）、成长早期。

第三部分研究资源转化影响创业成功和高成长的机理。将资源分为人力资源、财务资源、实体资源、客户资源。对比创业过程的开始时点和结束时点的资源种类与存量差距，可以明确创业过程也是资源转化与生成的过程。创业过程的开始是创

业团队投入的人（团队少量人力资源）、钱（少量财务资源）和利用的机会。创业过程的结束是新企业实现了盈利，结果产生更多更多的钱（更多财务资源）、更多的人（更多人力资源）、增加了企业实体资产（更多实体资源）、企业客户（更多用户资源）。对比开始时和结束时的资源差距，显示出在过程中的不同阶段实现了资源转化与生成，使各类资源都增加了。因此本研究聚焦到创业执行过程的从孕育期创业者利用机会开始到新企业产生利润的时间段，研究问题：如何与创业阶段配合进行资源转化？有效的资源转化与生成可以快速提高竞争优势，能成功创业并在未来实现高成长。资源转化和生成的速度越快，新企业成长的速度就越快。因此资源转化也是产生创业成功和高成长的机理之一。

（三）实现高成长机理——转型升级商业模式、取得高级人才、建立动态能力

动态能力为何能存在或如何能在过程中建立不清楚的现象。在第四章的开头部分说明了，动态能力可以分类为短期动态能力和长期动态能力。每一次短期动态能力研究的分析单元是相邻的两个创业阶段，后一个阶段需要不同的新能力。在整个创业执行过程中可以进行多次建立短期动态能力的研究。动态能力是组织拥有的，因此需要研究创业团队的人力资源变化与产生的新能力。特别是创业团队不具有下一个创业阶段需要的新能力，达不到下一个阶段的目标，不具有短期动态能力。因此一次短期动态能力研究需要聚焦在相邻两个阶段的前面阶段，可以提出研究问题：创业者和团队要如何建立下一个阶段需要的新能力，能达到下一个阶段目标？第四章第三节的内容：实现高成长机理——转型升级商业模式、取得高级人才、建立动

态能力便能解答这一问题。创业团队在过程中的某个阶段要面对决策问题，下一个阶段应该往哪一个方向发生改变？就是现有团队要能识别出正确有效的变革机会和正确决策。接着要提出的问题是：现有团队有能力执行这个改变吗？如果现有团队没有下一个阶段需要的能力，则将面对的问题是如何才能建立下一个阶段需要的新能力？能力是团队（人）或企业组织拥有的，因此（1）需要通过聘请高级专业人才加入团队，建立下一个阶段需要的能力；（2）购并一个企业；（3）与外部企业建立合作联盟关系，建立下一个阶段需要的能力。因此研究聚焦的内容为：过程要划分出阶段，在相邻的两个阶段，如何建立下一个阶段需要的能力？聚焦现象的时间段：从孕育期创业者利用机会开始到新企业产生利润的过程。

五、创业机会对产品属性、竞争优势及利润的影响——上游新组件形成的创业机会研究

第五章的内容是本项目研究中已经发表的论文，2017 年 6 月发表在《管理案例研究与评论》期刊上。这篇论文研究相同产业成长期或技术改变期创业的执行阶段，创业者利用上游新组件形成的创业机会实现产品差异化、优势、利润的影响关系。建立的理论模型可以应用于第三章的创业机会识别过程的机会评价阶段，建立机会价值评价理论模型。

六、创业者能力和机会对产品差异化优势的影响

附录的论文在 2010 年 4 月已经发表在《管理案例研究与评论》期刊。这篇论文研究创业者的创新知识形成的创业机会，对产品差异化、优势、利润的影响关系。建立的理论模型可以

应用于第二章的创业机会识别过程的机会评价阶段，建立机会价值评价理论模型。

第二章 创业者识别新兴产业早期创业机会研究

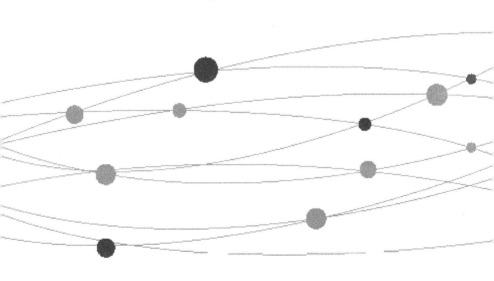

本章是创业决策期对机会识别过程的孵化和洞察阶段的研究，包含以下两节：第一节从机会角度研究新兴产业早期阶段特征使创业机会不明显；第二节从创业者与机会的相关性角度，研究相关产业的特定创业者能率先发现和利用新兴产业早期不明显的机会。本章的研究结果能够解释领先的时间越长，在竞争者进入时领先者发展的优势程度越大，在未来产业成长期领先者能更早成长起来，成长的速度更快、成长率更大。

第一节 新兴产业早期阶段特征使创业机会不明显

成为新兴产业领导厂商的高成长新企业起源于创业者利用的机会。本书从机会角度,研究新兴产业早期阶段特征使创业机会不明显。采用案例研究方法,探索了4个新兴产业高成长创业案例。发现了新兴产业早期使创业机会不明显的特征:缺乏产业基础结构,用户少;多数人难以构想出商业模式和产品服务;产品简单或者不成熟,顾客少,难以盈利;未来发展需要的资金规模大,不确定未来能否融资成功。结果补充了创业机会发现理论。

一、研究现象与问题:新兴产业早期哪些特征使创业机会不明显?

成为新兴产业领导者的高成长新企业起源于创业活动,最早是创业者发现和利用创业机会的过程,有些新企业也是产业的第一或早期进入者,因此研究高成长的源头需要研究创业者利用的新兴产业早期阶段的机会特征。过去关于发现创业机会的研究主要以研究创业者特征解释他率先发现不明显的机会,但是没有研究过新兴产业早期机会不明显的特征,使得多数人难以发现该机会,使得创业者成为第一或早期进入者,使新企业未来能高成长。本书针对新兴产业早期阶段的创业机会被创业者发现的现象,研究了相关问题:新兴产业早期有哪些特征使创业机会不明显?本研究采用探索性案例研究方法,分析新兴产业早期阶段特征使创业机会不明显。

二、文献回顾

（一）新兴产业

产业是由上游、中游、下游的厂商和产品，终端市场顾客的需要集聚成的市场需求，产业基础结构（Infrastructure）构成。重大新技术的出现诞生了新兴产业（Eisenhardt et al.，1990），也产生了许多创业机会。产业有生命周期，可以划分为萌芽浮现期、成长期、成熟期、衰退期的阶段。在萌芽浮现期和成长早期阶段产业中机会较多。利用新兴产业很早期的机会的人不多，可能因为这阶段的机会不明显，但是目前没有人研究和描述过新兴产业早期不明显的机会。

（二）创业机会与机会识别过程的阶段划分

创业机会是产业环境中的一个特殊情境结构（Shane，2000；Kloosterman，2010），包含未满足的市场需要（Kirzner，1997）和未充分利用的资源（Schumpeter，1934），创业者可以结合资源创造出新产品服务，满足市场顾客的需要，并使自己获利。Lumpkin et al.（2004）已经将机会识别的过程划分为准备、孵化、洞察、评价、精致化5个子阶段。

（三）创业机会构成项目

创业机会的构成项目包含：（1）下游存在顾客的特殊需要和形成的市场需求量（Renko et al.，2012；朱沛，2017）。（2）环境中存在异质资源和互补资源，它们是满足需要的条件与手段（Renko et al.,2012）。异质资源包含上游存在差异的新技术、新组件、新设备等（朱沛，2017）；或者包含创业者有重新结合现有资源的创新异质的知识（朱沛，2010）；或者同时包含两者。（3）构成创业机会的因素还包含竞争者晚行动。Kirzner（1997）指出多数竞争者率先利用了一个机会使该机会消失。竞争者越晚行动，创业者面对的机会窗口时间就越长，率先利用机会产生的优势程度越大，优势持续的时间就越长。（4）创业者要事先具备或者建立产业特殊知识（Chandler，1996；Haynie，et al.，2009），有能力开发并利用此机会。利用初始条件的创业机会，结合相关资源，能够创造出差异的产品服务（朱沛，2010；2017）。与竞争者的产品属性相比，新企业的产品属性要存在差异，要更能满足这群顾客的特殊需要。创业者在获得机会信息后，要能建构出一种条件—手段—目的的关系（Renko et al.,2012），形成了商业模式和产品服务，发现了机会，此时创业者在机会识别过程中已经进入了洞察阶段（Lumpkin et al.，2004）。机会是决策时的条件，手段是利用机会重新结合异质资源与互补资源的条件，创建商业模式，率先提供差异的新产品给目标顾客，要达到的目的是能更好地满足目标顾客的需要，为顾客创造更高的价值，使创业者获取利润。

（四）新兴产业早期不明显的机会

机会有生命周期（Eckhardt et al.，2003），机会可以按照不明显与明显的程度区分，价值的大小区分。新兴产业的机会在早期可能是不明显的（Shane，2000），只能被少数警觉的创业者发现和利用（Kirzner，1973）。早期机会可能潜在价值大，先行动的创业者可以先占领市场，取得第一或早期行动者优势（Lieberman et al.，1988）。新兴产业的成长期可能是一类机会的中期，机会是较为明显的，可以被很多人发现，产生大量进入者利用的现象，但是机会价值已经不如早期阶段。

（五）已经研究了发现机会的创业者特征，没有研究机会不明显的特征

机会的发现可以从创业者特征这一方面进行解释，也可以从机会本身的特征方面进行解释。目前已经有大量创业机会发现和机会识别的理论和实证研究，这些理论主要探讨创业者的特征，解释他率先发现与识别不明显的、潜在的，或被别人忽略的机会（Shane，2000）。因为已经有很多研究，所以本项目不研究发现机会的创业者特征，本章第二节只对此进行验证性研究。

过去虽然有学者指出环境影响机会识别（仲伟仁等，2014），但是没有用机会不明显的特征解释为什么多数人无法发现机会，也没有揭露出新兴产业早期阶段机会不明显的特征。本研究要探索新兴产业早期机会的不明显的特征，对创业理论提供补充。

（六）建构出商业模式和产品服务显示创业者发现了机会、难以盈利显示出机会不明显

创业是利益驱动的行为，创业行为是被利润吸引而产生的，创业机会也被称为利润机会（Dean et al.，1993）。创业者要经过想象到未来如何开发这个机会，就是利用机会结合资源要能建构出商业模式和可盈利的产品（张梦琪，2015），建构条件—手段—目的的关系，评价该机会中潜藏的利润，认知到未来可以获利，则创业者才会决定创业（Renko et al.，2012）。朱沛的论文提出建立了机会开发阶段的利用创业机会条件产生产品竞争属性、竞争优势和利润的因果逻辑关系的理论模型。在机会发现和创业决策阶段，创业者从机会特征认知到潜藏利润多少的模型。Shane 和 Venkataraman（2000）指出，只有当创业者认为"一个机会的价值（利润）＞产生价值的成本＋其他产生价值

的机会成本，他才会产生创业行为。"因此，当创业者建构出了商业模式，对条件—手段—目的的关系清楚，认识到了利用这个机会可以获利时，则该机会对他明显。当多数人难以建构出商业模式，对条件—手段—目的的关系不清楚，或者难以认识到利用这个机会可以获利时，则该机会对他们不明显。

（六）文献评述

过去与创业机会相关的文献没有描述新兴产业早期机会的不明显特征。需要采用案例研究，从产业基础结构、商业模式、利用新技术的产品特征、下游顾客需要和市场需求、难以盈利等内容描述新兴产业早期特征使机会不明显，使多数人难以发现该创业机会。

三、案例研究方法与案例故事

（一）案例研究方法

本研究采用理论建立的探索性案例研究方法，因为迄今为止没有人深入探索过此现象，现有理论不足以解释该现象，需要新鲜的解释观点（Eisenhardt,1989）。研究设计采取 4 个案例，既能满足发现新的与深入的解释观点的探索目的，也能达到运用复现逻辑发展有外部效度的类型内一般的理论（Yin,1994）。按照新兴产业具有高成长性和成为领导企业的准则，选择了以下 4 个案例。马云于 1995 年创立的中国黄页和 1999 年创立的阿里巴巴，目前是全球最大的互联网电子商务企业，市值超过 3 000 亿美元。中国黄页与阿里巴巴被作为同一个案例的不同阶段。因为马云在前期中国黄页累积的产业知识基础上，创立了后期商业模式升级的阿里巴巴，因此没有中国黄页就不会有后期创立的阿里巴巴，阿里巴巴高成长的源头来自中国黄页利用的机会。季琦、梁建章、沈南鹏、范敏于 1999 年创立了携程网，现在是中国最大的互联网旅游服务企业，市值 100 亿美元。汪涛于 2006 年创立的大疆创新，现在是全球最大的航拍无人飞机企业，估值 150 亿美元。吴诣泓、黄俊杰于 2007 年创立的威鹏公司，是福布斯 2015 年中国未上市潜力企业的第三名，现在是台湾最大的大型移动广告平台开发服务企业。探索的期间是创业者发现机会的阶段。分析单位是创业者发现和利用的机会特征和创造的新产品（Yin,1994）。资料收集包含访谈创业团队成员、收集书籍、网上媒体报道的企业、竞争者和产业资料。多个来源的资料校验相同的事实，提高资料的效度。资料整理按照时间先后和不同因素对资料进行归类重排，还原创业过程，显示蕴含的逻辑，便于资料分析。

（二）案例故事：创业者发现早期机会，构想商业模式与产品，是第一或早期进入者

1. 马云识别中国黄页的创业机会，成为中国互联网产业极早期第一进入者

准备阶段：1989 年到 1995 年 9 月，马云是杭州电子工学院的英语老师。任教期间马云在社会上教过外贸英语课，很多学生是外贸企业老板或管理干部。1992 年，马云和杭州电子工学院的英语老师们创办了"海博翻译社"。1994 年在杭州电子工学院教英语的外籍教师比尔从美国回到杭州。比尔告诉马云，他的女婿 Sam 在美国的西雅图市，在做一个叫互联网的东西。马云第一次听他讲互联网，就非常的激动。

孵化阶段：1995 年 4 月，因为海博翻译社涉入了一件合同纠纷事件，马云被政府派去美国的洛杉矶市进行谈判。后来谈判没谈成，马云原本应该从洛杉矶市飞回中国，但是马云却选

择从洛杉矶市飞到西雅图市，想到比尔的女婿 Sam 家看看互联网是什么东西。马云到了西雅图市找到了 Sam，Sam 把马云带到一家名叫 VBN 的互联网早期的小公司。在电脑面前 Sam 对马云说："Jack（马云），这就是互联网，你可以在它上面搜索任何东西"。马云第一次碰电脑，他用键盘在雅虎的搜索引擎框里打出了"beer"（啤酒），出现了美国、德国、日本等多个国家的啤酒，就是没有中国啤酒。马云又打出了"Chinese"（中国的），电脑屏幕回复'no data'（没有数据）。马云又打了'china history'，找到一个由 50 个英文词组成的介绍。马云发现互联网上竟然没有偌大的中国。他问到："为什么有些能搜索到，有些搜索不到？"公司的人告诉他："要先做一个 homepage（主页）放到网上去，然后全世界的人就能搜索到了。"马云沉思了 1 分钟后突然拉住 Sam 的手说："我在杭州开了一家翻译社，能不能把它也搬到互联网上来？" Sam 说："当然可以。"马云和几位朋友用了 1 个小时就做出了主页。包含翻译社简介，中文与英文的翻译服务，临时注册的邮箱地址等。上午 9 点半，海博翻译社的主页就挂在了网上，Sam 拍拍马云的肩膀说："说不定很快就会有人要跟你谈生意了"。马云半信半疑，之后他和 Sam 逛街去了。

洞察、评价、精致化阶段：中午 12 点逛街完回到公司后，他们发现一共收到了 5 封 E-mail，有美国的、日本的、欧洲的，有机构、公司、当地留学生。其中一封信上说：这是我们发现的第一家中国公司的网站，你们在哪里？我们想和你们谈生意。此时马云彻底相信互联网的魔力了，他激动的欣喜若狂！敏锐的商业直觉告诉他：这玩意儿有戏。马云意识到网页广告可以为海博翻译社增加国外的翻译业务量，进一步想到帮中国外贸企业建立英文网页广告，可以为他们增加国外销售业务量和利润。此时他想到了一个（后来做出的）互联网公司的商业模式和产品服务。马云在杭州成立浙江海博网络技术股份有限公司，与美国西雅图市的 VBN 互联网公司建立联盟合作关系，用美国的服务器运营海博网络公司的中国黄页网站。马云等人向浙江杭州的中国外贸企业客户销售网页广告的制作和在互联网上展示的服务，收费 20 000 元。他们把中国外贸企业的 2 000 个中文字的资料和一张照片收集起来，利用海博翻译社翻译成英文稿，再用 EMS 寄到美国西雅图。美国伙伴用英文稿制作成企业的英文主页放到中国黄页网站上去，然后用彩色喷墨打印机把主页打印出来，用 UPS 寄回杭州。马云他们拿着打印件去向企业收钱时，会把主页的网址和美国的电话号码给企业查询。如果有，就收钱。每个主页收费的价格是 2 万元，美国公司分 60%，海博网络公司分 40%。网民中有一部分是需要购买中国外贸企业产品服务的外国企业顾客。他们在网上搜索到中国外贸企业主页广告后，用电话、传真、电子邮件协商，然后从外国下订单到中国，使中国外贸企业增加了国际贸易业务的收入和利润。此时马云脑海中也闪出一个念头：回国创业，做 Internet！马云当即对美国的朋友说："我们合作吧。你们在美国负责技术，我回国去做企业，开发客户，做宣传推广。"美国朋友同意了合作，之后协商了合作方式。

孕育期阶段，建立团队和企业：马云回到杭州召集了 24 位朋友到自己家中，他激情演说鼓动他们与自己一起创业。朋友们的反应出奇地一致。大家都觉得马云的这些想法超出了正常人的思维范围。一个朋友说："这玩意太邪了吧？政府还没开始操作的东西，不是我们干的，也不是你马云干的；你也不是很有钱，哪有几千万资金。" 结果只有何一兵一人表示可以试试。何一兵是马云在杭州师范学院就认识的同学，学自动化专业，搞过芯片设计，还会编程。1995 年 4 月，马云和妻子张英、何一冰 3 人投资 10 万元人民币，创立了浙江海博网络技术股份有限公司，就是中国黄页。

进入产业的排名：中国黄页是中国互联网电子商务新兴产业的第一进入者，是在中国互联网产业萌芽浮现的极早期进入创业的，与美国的互联网企业的创业时间比，没有落后很多。1995 年 4 月中国与美国互联网还没开通，还没有任何一家中国互联网公司。1995 年 7 月上海才开通了互联网，客户才能看到网站和网页。中国网民人数从零开始，逐年数倍增加。从 1993 年开始，美国已经有 AOL（1991）、Yahoo（1994）、Amazon（1995 年 7 月）等许多互联网公司。

生存期：竞争者进入前、中国黄页创业早期，对中国企业顾客销售制作英文主页的服务。当时人们对互联网还一无所知，绝大多数企业都没听说过互联网，并对这种网上广告的作用半信半疑。顾客根本看不到美国的网页，很难让企业顾客相信网页广告效果，因此销售很困难，销售量小。1995 年 8 月后，中国与美国开通互联网，销售量增加，付费企业顾客增加。当时信息传输速度非常慢，3 个小时才能打开美国的网页，这与缺乏主干网络基础结构建设，以及数据机的速度慢有关。中国黄页从 1995 年 4 月到年底的销售收入为 100 万元，已经接近盈亏平衡。

生存期：竞争者进入后，跨不过低价竞争的障碍，被迫选择被购并合并。1996 年年初以后竞争者持续进入，因为中国黄页初期的产品技术含量低，国企投资 3 亿资本成立的西湖网联公司进入后，实施激烈地同质化价格竞争。产品服务价格下降，一个主页从 20 000 元降到 5 000 元，顾客被瓜分，收入减少，使中国黄页陷入现金流危机。1996 年 3 月，在中国黄页没有融资成功的条件下，因为资本实力的悬殊和跨不过价格竞争战的障碍，马云选择被购并。按照中国黄页估值 60 万元占股 30%，国企竞争者西湖网联出资 140 万元占股 70%，两个公司人员合并成新的中国黄页。马云担任总经理，但是对方是大股东，有否决权，马云丧失了独立经营决策权。

合资公司期，马云与大股东分裂，辞职到北京外经贸部做政府网站建设的施工队：马云的团队在 1997 年年底与国企大股东分裂，从中国黄页辞职，到北京外经贸部下属的中国国际电子商务中心做政府网站建设的施工队。

二次创业决策期：1998 年年底，马云发现机会，建构 B2B 商业模式与产品服务，决定带领团队从外经贸部辞职，回杭州进行第二次创业。马云的团队在北京做的互联网上的中国商品交易市场是收费的。收费的办法是外经贸部在各地建立代表处，然后代表处把当地中小型企业放到网上。因为中国商品交易市场是互联网，因而企业付费上网很踊跃，网站很快就盈利了。从中国商品交易市场网站的成功，马云看到了新的机会，马云想出了开发 B2B 商业模式的网站。网站要注册后登入，它主要服务中小型企业客户，只对买卖两方商人提供免费的交易前的商业信息交流。让商人在网站内搜索找到对方，线上交流信息，线下完成交易，为双方创造价值。网站不服务大型企业，不做交易中付款和交易后的送货服务，不提供商业信息之外的政治、财经、娱乐、新闻等信息。

（建立期）孕育期、生存期：融资，1999 年 1 月，马云带着北京外经贸部的原班团队，在杭州投资 50 万人民币，创立阿里巴巴公司，开发 B2B 网站。1999 年 10 月，阿里巴巴 A 轮融资成功。高盛、汇亚、新加坡科技基金、瑞典 AB 风投公司、富达公司投资 500 万美元，获得阿里巴巴 40% 的股份（投资后原始资本溢价 105 倍）。2000 年 1 月，阿里巴巴 B 轮融资成功。日本软银投资 2 000 万美元，获得阿里巴巴 20% 的股份（投资后原始资本溢价 600 多倍）。

进入产业的排名：阿里巴巴是中国互联网产业的成长早期产业，是中国互联网 B2B 电子商务新兴细分产业萌芽浮现极早期的第一进入者，也是世界第一进入者，当时没有直接竞争者。1999 年年中，中国互联网产业处于成长早期，经过 4 年的建设，网络基础结构已经较为改善。当时中国网民人数大约 500 万人，每年以两倍的速度增长。

2. 梁建章和季琦识别携程网的创业机会，成为中国旅游网站产业第三进入者

准备阶段：季琦是上海交通大学硕士毕业生，在美国学习过一年。1997 年 9 月，他在上海创立了协成科技公司，从事信息系统集成等承包业务。在给甲骨文公司做 ERP 咨询分包业务的时候，季琦认识了梁建章，两人成了好朋友。梁建章是留美硕士，1997 年他到上海担任甲骨文公司中国区的 ERP 咨询总监。

孵化、洞察、评价、精致化阶段：受到美国互联网新企业在纳斯达克上市和创造了财富明星的热潮影响，1999 年 4 月，梁建章和季琦商量也创立一个网站。经过思考，否决了网上书店、招聘网、出售装修材料的网上宜家的点子后，他们选择了做旅游网站。

孕育期阶段，建立团队，建立企业，研发网站：为了增强团队和得到较多资金，他们吸引了德意志摩根建富投资银行部

的沈南鹏加入。为了获取有旅游业经验的人才，他们邀请了担任过上海旅行社和大陆饭店总经理的范敏，组成 4 人创业团队。1999 年 6 月，团队成员投资 100 万人民币，创建携程旅游服务网站。1999 年 10 月 28 日携程旅游网上线，它是为旅游者、旅行团体提供在线旅游服务、旅游产品介绍的旅游门户网站。它提供自然和人文景观，也提供旅行社、酒店、餐饮、娱乐、购物、交通等综合信息。它展开广泛的合作，提供网上订票、订房、订团、订餐等服务。携程网的商业模式是旅游信息 + 旅游电子商务，这也是当时盛行着门户网逻辑的所有中国旅游网站的商业模式，因为受美国旅游网站成功案例的影响。美国的 Ionelyplanet.com 提供世界各地的旅游信息。Travelcity.com 是综合旅游网，涵盖了旅游所涉及的一切，包含订机票和酒店住房。

进入产业的排名：携程网是中国互联网旅游服务电商网站新兴产业的第三进入者，是在产业的成长早期进入的，当时竞争者还没有发展出盈利模式。1997 年 6 月，武汉联合信息网络有限公司创立了中国旅游信息网。1997 年 9 月，由中国国际旅行社总社、广东新太信息产业有限公司、华达康投资控股有限公司共同投资创立了华夏旅游网。到 1999 年年底，这两个竞争者还没有发展出盈利模式。1999 年 5 月，唐越凭借 100 万美元的种子基金成立了艺龙公司，于 1999 年 10 月正式发布 Elong. com 网站。1999 年年中，中国互联网产业处于成长早期，经过 4 年的建设，网站基础结构已经较为改善。当时中国的网民数大约 500 万人，每年以两倍的速度增长。

生存期：携程网于 1999 年 10 月上线，早期产品只有免费的旅游网站信息服务，费用很大，完全无法盈利。10 月在初始资金用完时，A 轮融资获得了 IDG 风投公司的 50 万美元，占

20%股份（原始资本溢价14倍）。12月B轮融资获得软银等公司450万美元的投资，获得不超过30%的股权（原始资本溢价60倍）。2000年1月，公司很快转向以预订酒店房间作为携程主要的发展方向。既发展网上酒店定房电子商务服务，也发展传统订房中心的电话订房服务，赚取中间的价差。当时由于网民数量不多，因此在网上订房的顾客不多。携程在2000年3月的互联网订房量是每月900间夜。传统的商之行公司电话订房中心每月的订房量是30000间夜。之后携程采取建立与购并订房中心的策略。

3. 汪涛识别大疆创新的创业机会，成为无人直升机产业技术改变期中国第一进入者

准备阶段：汪涛是航模爱好者，在他16岁时父母奖励了他一个遥控直升机航模，但是第一次起飞就摔烂了。2003年汪滔进入香港科技大学电子与计算机工程学系学习。

孵化、洞察、评价、精致化阶段：2005年，汪涛决定把遥控直升机的飞行控制系统的自动悬停技术作为本科毕业设计课题的研究方向。当时遥控直升机产业已经垂直分工了，存在许多专业厂商分别做飞控系统、螺旋桨、发动机、支架等零组件。全球卫星定位系统的空间位置测量，电子指南针的方向角测量等技术已经得到发展。大学里的自动化技术中心有机器人和遥控直升机飞控系统的原始程序码。汪涛通过航模爱好者网站了解到，美国军方和日本雅马哈公司已经研发出了利用全球定位系统自动航行与悬停的无人直升机，中国还没有。因此汪涛想研制自动悬停的飞控系统，解决摔机问题。通过惯性测量单元IU、测加速度和角速度的传感器、GPS和电子指南针，取得飞机的姿态角和速度的准确数据，根据数据控制飞机舵机的反馈

运动，使飞机可以自动悬停在空中。汪滔和二位同学说服了导师，获得了 18 000 元港币的课题启动经费。

孕育期阶段，建立团队，研发新产品，建立企业：大半年后，他们在最终的演示阶段，本应悬停在空中的飞机却掉了下来，毕业设计失败了，只得了一个 C。但是自动化技术中心的机器人学教授李泽湘却看到了汪涛的领导力和技术理解力，把这位固执的学生录取为研究生。对这次失败汪滔没放弃，两个月没有去学校，一个人在深圳没日没夜地干，终于在 2006 年 1 月做出第一台成功的样品。他拍摄了一个直升机的自动悬停视频，放到航模爱好者论坛上。后来有人看到这个视频觉得这架直升机不错，开价 5 万元人民币要买它。汪涛就卖了，它的成本是 15 000 元。在读研究生期间，汪涛和两位同学来到了中国制造业中心——深圳，创建了大疆创新科技公司，专注于直升机飞控系统的研发生产。创业资本是靠 3 位创业者的奖学金，以及出售第一台自动悬停直升机的 5 万元收入。商业模式是未来进一步可以研制出自动航行的更好的产品，通过直接销售飞控系统，或者销售组装好的直升机给航模爱好者，获取利润。

进入产业的排名：大疆创新是卫星定位技术出现后自动航行的民用消费级无人直升机新兴产业的中国第一个进入者，是在中国新兴产业极早期进入的，也是在遥控直升机传统产业的技术改变期创业的。中国的遥控直升机厂商，都是一些玩具厂，包含广东美嘉欣玩具公司、广东澄星航模科技股份有限公司等。从 2000 年到 2005 年，美国军方已经成功研发测试了 MQ-8B 无人武装直升机，它可以利用全球定位系统按照规划航线自动航行与悬停。从 2001 年到 2006 年，日本雅马哈公司一共向中国出口了 9 架 RMAXL181 型无人直升机，后来禁止出口。该机载重 20 公斤，配有稳定的飞行控制系统，完整的 GPS 全球定位系统，行程记忆系统。

生存期：大疆创新在 2006 年创业时，由于地理信息系统还没有很成熟，图像传送的无线通信技术不好，难以在可视距离外遥控。飞行控制系统体积像砖块那么大，重 2 公斤。电池的功能与体积比之不佳，载重和续航力不佳。无人直升机需要用汽油发动机的动力，优点为载重量大，航程长，缺点是震动和噪声大。无人飞机还没有与航拍摄像机系统结合，难以实现商业化盈利。

2006 年到 2007 年是大疆创新的创业早期，虽然大疆创新以 5 万元卖出了第一台自动悬停的原型直升机，但是产品只有遥控 + 自动悬停功能，导致早期飞控系统的价格不高，销售量不大也不稳定。每个月只能销售大约 20 台飞控系统。自动悬停功能只是利用卫星定位技术的一项功能，成熟的自主航行无人直升机飞控系统和图像传送技术的研发是一个长期过程。创业初期的盈利不稳定，不能支持长时间大金额研发投入。2006 年年底陆迪投资 9 万美元。到 2008 年，大疆用了 3 年时间，才将第一代成熟的飞控系统 XP3.1 研发成功，一台直升机定价为 20 万元人民币，每月销售量逐渐稳定。

4. 吴诣泓识别威鹏的创业机会，成为大中国区移动广告产业极早期第一进入者

准备阶段：吴诣泓和黄俊杰是台湾长庚大学工学院的同学，也是信息社团的社长和信息技术讲师。2006 年年初，吴诣泓从 IBM 公司离职，带着寻找创业灵感的念头，进入英国德伦（Durham）大学 MBA 班。

孵化阶段：2006 年 10 月吴诣泓准备参加英国高校间的蓝图

创业大赛。依据理论他认识到，现在处于大众市场阶段的互联网产业已经没有机会了；现在的无线移动新兴产业处于早期的利基市场阶段，存在机会，未来数年后可能会发展成为大众市场。所以他锁定在移动领域寻找机会。之前他曾向黄俊杰提过3个移动创业项目，包含利用无线通信和定位技术进行车辆派送管理，餐厅的无线点餐项目。

洞察、评价、精致化阶段：这次他用2周时间想到了手机移动折扣优惠券广告的创业项目。经过大半年时间的准备，2007年该项目得到了蓝图创业大赛的首奖。后来创立的威鹏的商业模式是在品牌商店广告顾客付费后，威鹏将商店的优惠券广告制作成电子档，存放在服务器数据库中。手机用户走到某处，点击手机中安装的威鹏优惠券App，程序会抓取用户的位置信息并将其位置传输到威鹏服务器的数据中心，程序比对商店位置与用户位置的距离，将用户几公里范围内的商店优惠券广告按照由近到远进行排序，逐条发送到手机中。用户点击感兴趣的广告，就可以凭此优惠券到商店中打折购买商品。商店可以通过移动优惠券广告获得更多销售量，增加利润。在2007年7月之前吴诣泓作为交换学生到中国的上海复旦大学完成硕士论文，在上海做移动优惠券市场客户调查。

孕育期，建立团队、建立企业，研发商业模式与产品服务：2007年10月，吴诣泓回台湾后邀请黄俊杰一起创业。2人投资200万人民币，12月注册成立威鹏公司。吴诣泓负责商务与顾客开发，黄俊杰负责开发服务器端的系统和手机端的优惠券广告程序（App）。2008年4月，该系统正式上线，正式推出移动优惠券广告服务。

进入产业的排名：威鹏是台湾、香港与中国大陆手机移动优惠券广告新兴产业的第一进入者，全世界第二进入者，是在移动广告产业萌芽浮现的极早期进入的。全世界第一家手机移动广告公司 Admob 于 2006 年在美国创立，2009 年被 Google 以 7.8 亿美元购并。Inmobi 于 2007 年在印度创立，2008 年转型进入移动广告产业，与威鹏创立的时间差不多。2007 年 7 月苹果的第一代 iPhone 上市并进行销售，智能手机用户人数从零开始，逐年数倍增长。一直到 2008 年 iPhone2 的阶段，该产业中很少人用手机上网。2009 年 iPhone3 上市以后，手机上网用户增加，移动互联网广告产业才开始成长起来。

生存期：威鹏在 2008 年初创业时，iPhone1 智能手机的用户很少，无线通信技术不够好，导致手机上网人数很少，用户少。手机基础结构不好，非常碎片化，诺基亚、三星、摩托罗拉、HTC、索尼爱立信 5 大品牌功能手机有 5 种操作系统，手机的内存太小，屏幕小与规格不一致，系统程序中的虫（Bug）很多。这些问题导致系统开发困难，需要修改，消耗资源并增加成本。用户体验改善困难。

威鹏从 2008 年到 2009 年年底，因为用手机上网的用户很少，下载安装折扣券 App 的用户很少。即使与商店合作推广 App，以及与诺基亚合作在新发售的手机中预装 App，有效用户数仍然难以跨过关键人数规模。因为广告发送的用户少，广告效果有限，使早期销售的产品价格较低，也使威鹏无法盈利。当时威鹏对台湾的大广告客户收取一年 6 000 元人民币的服务费。而到了 2012 年，大陆市场广告客户的一期营销广告的价格就可以达到 10 万元人民币。2008 年到 2009 年年底，为了减少亏损，威鹏还要靠承包外面的信息系统开发项目来维持企业生存。2010 年初威鹏向亲友股权融资了 200 多万人民币。2010 年年初到年底，威鹏转型升级成为移动广告平台系统，与其他 App 厂商建立广泛的合作关系。2010 年年底威鹏账上只剩下 60 万元人民币，创业者决定进入大陆市场。2011 年 1 月大陆移动广告平台系统正式上线。2011 年 6 月，威鹏 A 轮融资获得挚信资本700 万美元，占 20% 的股份（原始资本溢价 60 倍）。

4 个案例显示：（1）新兴产业高成长领导企业的创业者进入产业创业的时间早，在中国新兴产业极早的萌芽浮现期或者成长早期发现和利用机会，是第一进入者或早期进入者。（2）竞争者没有或很少，有利于创业。中国黄页、大疆创新、威鹏 3个案例的创业者是产业极早期的第一进入者，没有竞争者。根据携程网的案例显示，进入成长早期的产业有少数竞争者，但是竞争者还没有盈利模式，只要提早探索出盈利模式与转型升级，就能取得竞争优势。

四、案例资料分析：新兴产业早期阶段特征使创业机会不明显

新兴产业早期机会不明显的特征可以从以下几个方面进行描述：产业基础结构、商业模式、早期产品特征、下游市场顾客、机会开发的融资需要。下面将逐项进行分析，分析结果以标题形式写出来，之后汇总建立机会不明显与难以盈利的理论模型。

（一）产业早期基础结构缺乏，用户少，开发运营困难，顾客体验差

1. 案例证据

1995 年 4 月，马云创立中国黄页时，中国和美国的互联网还没开通，缺乏中国互联网基本建设。人们对互联网还一无所知，绝大多数企业都没听说过互联网，并对这种网上广告的作用半信半疑。1995 年 8 月中美开通互联网，客户才能看到网站和网页。

当时信息传输速度非常慢，3个小时才能打开美国的网页，这与主干网络基础结构建设不足和数据机的速度慢有关。

携程在1999年创业时，产业已经处于成长早期，经过4年的建设，网络基础结构已经较为改善。中国网民人数已经达到500万，并且以每年两倍的速度增长。

大疆创新在2006年创业时。地理信息系统还没有很成熟，图像传送的无线通信技术不好，难以在可视距离外遥控。飞行控制系统体积像砖块那么大，重2公斤。电池的功能与体积比不佳，载重和续航力不佳。无人直升机需要用汽油发动机的动力，优点为载重量大，航程长，缺点是震动和噪声大。无人飞机还没有与航拍摄像机系统结合，难以实现商业化盈利。

威鹏在2008年初创业时，iPhone1智能手机的用户很少，无线通信技术不够好，导致手机上网人数很少，用户少。手机基础结构不好，非常碎片化，诺基亚、三星、摩托罗拉、HTC、索尼爱立信5大品牌功能手机有5种操作系统，手机的内存太小，屏幕小，与规格不一致，系统程序中的虫（Bug）很多。这些问题导致系统开发困难，需要修改，消耗资源并增加成本。用户体验改善困难。

2. 案例分析结果（见标题）

根据4个案例证据显示，产业很早期的基础结构很缺乏，覆盖范围小，使用户少，顾客少。基础结构不完善，使早期新企业的系统开发和运营比较困难，使产品的用户体验很差。这些会使人认知到商业化盈利的难度很大，使机会对多数人而言不明显。

（二）其他人难以在早期阶段构想出相似的商业模式和产品服

务

1. 案例证据

马云的中国黄页商业模式是当时其他人不可能建立的。因为其他人不知道中国的外贸企业顾客需要在外国媒体上登广告，也没有一个中英文翻译社，没有通过人际关系让他站在互联网公司的机会前面，没有通过测试网页广告效果使他想到中美合作的商业模式和产品服务。

携程网是第三个旅游网站，已经有美国和更早进入的竞争者的商业模式可以模仿。携程的成功是提早想到了转型到酒店订房的商业模式。

汪涛的大疆创新产品是其他人难以想到的。如果其他人不是遥控直升机航模爱好者，不了解容易摔机的问题，不知道GPS定位技术模组和高度测量组件能用来解决摔机问题与发展自动悬停功能，如果不能取得飞控系统的原始程序码，不会程序设计和硬件制造，就不能想到研制无人直升机自动悬停功能。

吴诣泓花了两个星期想到的商业模式与产品服务是当时其他人难以想到的。如果其他人没有远见，没有锁定在移动手机新兴产业利基市场寻找机会，不了解商业环境中有大量商店的折扣优惠券广告业务，没有注意到利用手机定位信息和商店定位信息，没有电脑系统和手机程序的技术开发能力，就很难想到威鹏的商业模式。

2. 案例分析结果（见标题）

根据中国黄页、大疆创新、威鹏3个案例显示，创业者建构的商业模式和产品服务是非常人性化的，使得产业极早期的机会是不明显的，是多数人很难发现的。另外在新兴产业中不同位置存在不同的机会结构和商业模式，很难让多位创业者同时发现一个相同的、不明显的机会。

（三）早期产品不成熟或者简单，难以在短期内实现盈利，或者不能稳定盈利

早期产品不成熟，难以在短期内实现盈利；或者产品简单，易被竞争者模仿，即使能在短期内实现盈利，但是不能稳定盈利。

1. 案例证据

中国黄页在 1995 年年初期的产品比较简单，没有技术含量，因此竞争者进入后很快陷入价格竞争，主页价格从 2 万元降到 5 000 元，使中国黄页面临现金流危机。

携程网在 1999 年 10 月的早期产品只有免费的旅游网站信息服务，完全无法盈利。公司很快转向酒店订房中心与互联网酒店订房电商服务。

2006 年到 2007 年，虽然大疆创新第一台自动悬停的原型直升机售价为 5 万元人民币，但是产品只有遥控 + 自动悬停功能，导致早期飞控系统的价格不高，销售量不大、不稳定。自动悬停功能只是利用定位技术的一项功能，成熟的自主航行无人直升机飞控系统和图像传送技术的研发是一个长期过程。到 2008 年，大疆创新用了 3 年的时间，才将第一代成熟的飞控系统 XP3.1 研发成功，一架自动航行无人直升机可以卖到 20 万元。

威鹏在 2008 年到 2009 年的产品是移动优惠券广告服务。但是因为手机上网的用户很少，下载 App 的用户很少，因此广告效果有限，使早期产品价格较低。威鹏对大广告客户收取的一年服务费为 6 000 元人民币。而到了 2012 年，大陆市场广告客户的一期营销广告的价格就可以到 10 万元人民币。

2. 案例分析结果（见标题）

4 个案例显示出三类情况。阿里巴巴的产品属于第一类，能

快速创造出早期简单的高毛利产品，但是它们容易被模仿，使优势消失，价格下降，不能稳定盈利。携程网属于第二类，早期产品服务无法盈利，未来需要发展可盈利的产品服务。大疆创新、威鹏的产品属于第三类，因为新技术的早期产品功能不成熟，对消费顾客的价值小，难以盈利，未来需要较为长期的时间创造出成熟的产品。早期的产品或者无法盈利，或者能盈利但是很快因为竞争而无法盈利，这些因素使多数人认知到新企业难以存活和盈利，使产业早期阶段的机会不明显。

（四）市场需求规模很小，顾客很少，难以盈利

1. 案例证据

中国黄页创业早期，对中国企业顾客销售定制的英文版主页广告并在互联网上展示的服务，顾客根本看不到美国的网页，很难让企业顾客相信网页广告的效果，因此销售很困难，销售量小。1995年8月后，中国与美国开通互联网，销售量增加，付费企业顾客增加。在1996年年初以后，竞争者持续进入，竞争趋于激烈，产品服务价格下降，顾客被瓜分。

携程旅行网于1999年10月上线，无法盈利。2000年1月，酒店预订成为携程主要的发展方向。由于网民数量不多，因此网上订房的顾客不多，携程在2000年3月的互联网订房量是每月900间夜。传统的商之行公司电话订房中心每月的订房量是30 000间夜。之后携程采取建立与购并订房中心的策略。

大疆创新在创业早期，在2006年对仅有自动悬停功能的自动驾驶无人直升机的市场需求量不大。第一台原型无人直升机卖掉之后，每个月只能销售大约20台飞控系统。创业初期的盈利不能支持长时间大金额的研发投入。2006年年底陆迪投资9万美元。大疆创新到2008年，用了3年的时间才将第一代成熟

的飞控系统 XP3.1 研发成功，一台直升机定价 20 万元，每月顾客逐渐稳定。

威鹏在创业的早期阶段，从 2008 年 4 月到 2009 年年底，手机上网用户很少，下载安装折扣券 App 的用户很少。即使与商店合作推广 App，以及与诺基亚合作在新发售的手机中预装 App，有效用户数仍然难以跨过关键人数规模，新企业无法盈利。

2. 案例分析结果（见标题）

根据 4 个案例显示，在产业早期阶段，付费顾客很少，市场需求规模很小。原因是产业基本用户数很少，采用早期创新产品者更少。用户习惯没有被改变，市场开发需要很大的教育成本。这些因素会使多数人认识到可能新企业难以存活和盈利，使产业早期阶段的机会不明显。

（五）机会开发工程需要投资大，小资本创业者不确定能否融资成功

1. 案例证据

中国黄页在 1996 年 3 月，在没有融资成功的条件下，因为资本实力的悬殊和跨不过价格竞争战的障碍，马云选择被国企购并。

马云的团队在 1999 年 1 月投资 50 万人民币，创立了阿里巴巴 B2B 网站。1999 年 10 月，阿里巴巴 A 轮融资成功。高盛、汇亚、新加坡科技基金、瑞典 AB 风投公司、富达公司投资 500 万美元，取得阿里巴巴 40% 的股份。2000 年 1 月，阿里巴巴 B 轮融资成功。日本软银投资 2 000 万美元，获得阿里巴巴 20% 的股份。

携程网在 1999 年 10 月，在 100 万初始资金用完时，A 轮融资获得了 IDG 风投公司的 50 万美元，占 20% 股份。在 12 月

的 B 轮融资获得日本软银等公司 450 万美元的投资，取得不超过 30% 的股权。

大疆创新在 2006 年年底收到了陆迪投资的 9 万美元，解决了资金困难的问题。

威鹏在 2008 年到 2009 年年底，为了减少亏损，还要靠承包外面的信息系统开发项目来维持企业生存。2010 年年初威鹏向亲友股权融资了 200 多万人民币。从 2010 年年初到年底，威鹏转型升级成为移动广告平台系统，与其他 App 厂商建立广泛的合作关系。2010 年年底威鹏的账上只剩下 60 万元人民币，创业者决定进入大陆市场。2011 年 1 月大陆移动广告平台系统上线。2011 年 6 月，威鹏 A 轮融资获得挚信资本投资的 700 万美元，占 20% 股份。

根据 4 个案例的投资和融资证据显示，新兴产业机会开发工程规模大，达到商业化成功和盈利的周期很长，要求的投资金额大。成功的创业者最终都向风投公司或天使投资人进行了大额股权融资。初期小资本难以满足长期发展的资金需求，难以应对大资本支持的低价竞争。对小规模和小资本的创业团队来说，他们不确定能否融资成功，难以看到何时能达到盈利，因此机会不明显。

（六）机会不明显与难以盈利的理论模型

参照朱沛（2010；2017）的理论模型，整合上面的分析结果，可以建立利用新兴产业早期不明显的机会，短期无法盈利的理论模型（如图 2-1 所示）。创业者发现了机会，与互补厂商合作，利用新技术的性能差异，建立新商业模式和新产品服务，创建了新企业。但是在第一阶段中，缺乏产业基础结构使产业的用户少，使新企业与互补厂商研发运营困难。新企业结合新技术短期研发运营的产品不够成熟，使产品差异小，顾客体验差。下游用户少与市场需求小使产品需求量少。因为没有竞争者或竞争者很少，使产品是独特或稀少的，对创业者有利。产品差异小与用户体验差，使产品价格不高，毛利率不高。产品需求量少，使产品销售量少。产品价格低毛利低和销售量少，就是获利能力低，在新企业有很大投资与固定成本的条件下，使新企业短期亏损与获利困难。新企业必须持续投资发展到未来阶段，产业基础结构改善，用户数量与顾客数量增加，探索出了商业模式的盈利模式和产品服务转型升级，才能获利。

以上产生机会不明显的特征是与新企业短期难以盈利相关，分析结果显示 4 个案例在短期都没有盈利，都是经过几年的转型升级才实现盈利与高成长。如果创业者具有长期远见，能看到未来产业基础结构逐渐改善，用户高成长，商业模式、技术与产品有转型升级的巨大空间，顾客价值持续提高，能够获得投资商认同并融资成功，这样一来机会不仅是明显的，而且是有巨大获利潜力与吸引力的。

如果未来产业基础结构得到的改善越快，产业用户数、市场规模和顾客数增加越快，更新的技术产生的产品差异越大，将使机会明显化。例如，中国黄页创业后的 4 个月，中国与美国就开通了互联网，导致愿意建立企业主页的顾客数增加。威鹏案例中，从功能手机的升级和普及到触控屏幕的智能手机，出现越多长时间看智能手机的用户，使更多广告商看到移动广告的机会，对先行动的创业者有利。随着机会明显化，也吸引更多创业者加入。新企业要发展出竞争优势与击败竞争者，才能最终实现高成长与高盈利。例如，携程是在机会明显化的阶段进入创业的，创业后快速转型建立竞争优势，甩开竞争者，实现高成长与高盈利。

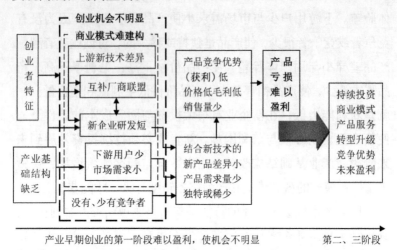

图 2 - 1　导致新兴产业早期创业难以盈利的使机会不明显的因素

五、结论

　　成为领导企业的高成长新企业的创业者在新兴产业浮现的极早期或早期进入创业。产业极早期或早期阶段的机会不明显，有以下特征：（1）缺乏产业基础结构，使研发运营困难，用户基础小；（2）其他人难以在产业早期构想出相似的商业模式和产品服务；（3）利用新技术的早期产品简单，易被模仿，或者不成熟、价格不高；（4）市场中早期创新产品采用的顾客少，销售量低；（5）自有资金难以满足未来长期发展需要，以及应对低价竞争，需要向外部大额融资。以上特征使新企业难以在短期实现商业化盈利，使机会不明显。这部分结果对创业机会发现理论有贡献，补充了机会不明显的特征。

第二节 相关产业特定创业者能率先发现 新兴产业早期不明显的机会

本文研究创业者与机会之间的相关性，使他能率先发现和利用新兴产业早期不明显的创业机会。得出以下结论：新企业的商业模式系统是新兴产业的新技术成分与现有产业或传统产业的企业成分结合产生的，创业者是从相关产业进入的。创业者拥有的资源和创业者发现的顾客需要和要解决的问题是构成机会的一部分因素，机会不是由新技术成分单独形成的。新技术成分与创业者的先前积累的知识与资源成分是互补的，它们都是建构新的商业模式与产品服务的成分，使创业者更容易发现这个机会，而其他人很难发现这个机会。创业者在新企业执行的价值创造活动，是他们过去执行过的价值创造活动，因此创业者有能力利用创业机会。在新企业的商业模式中，如果创业者没有经验知识和能力执行利用新技术的价值创造活动，创业者是通过建立外部合作联盟关系，由新技术企业执行价值活动。发现机会的创业者特征有：有前瞻、预见到高成长潜力，有相关产业经验、创业与管理知识，有独特知识与资源，有建构商业模式的创造力，有创业警觉性，根据案例分析结果验证了机会发现的创业者特征理论。

一、引言

通过前面的论述并经过研究，新兴产业早期创业机会是不明显的。已经有学者研究了机会与创业者之间的关系（Chandler,1996; Shane,2000），显示发现者与机会之间有关系，使这个特殊创业者能率先发现这个机会。由于新兴产业是因为某种新技术产生的，这种新技术与现有产业的创业者有什么互补关系，可以形成新兴产业的新企业，需要进一步研究。因此本研究聚焦在创业者发现新兴产业创业机会的阶段，研究问题为：创业者与新兴产业创业机会之间存在什么相关性，使他能率先发现和利用机会。本研究采用探索性案例研究方法，探索研究创业者与新兴产业创业机会之间的相关性，揭露出能率先发现机会的创业者的因素。

二、文献回顾

（一）创业机会与创业者的相关性

Shane（2000）指出一项新技术产生以后，可以形成一系列的机会，但是它们是不明显的。新技术与创业者的先前知识资源是互补的（Shane,2000; Hayney et al.,2009），创业者只能够发现与他的先前产业经验知识相关的机会，而且没有积极地寻找它。Sarason（2006）指出创业是机会和创业者之间的联系，机会不是单独的现象，机会对创业者是异质的。Chandler（1996）指出，创业者的产业知识可以分为外部的产业环境知识和内部的技能经验知识和能力。外部产业环境知识可以使创业者发现机会形成策略方案，内部的技能、能力使创业者能执行策略活动。以此显示创业者在过去事业中取得的产业知识和能力，能够应用到新企业中从事与过去相似的价值创造活动，有能力执行策略。

（二）发现机会的创业者特征

机会的发现可以从创业者特征方面解释，也可以从机会本身特征方面解释。目前已经发现有大量创业机会和机会识别的理论和实证研究，这些理论主要探讨创业者的特征，解释他很早率先发现与识别不明显的、潜在的、或被别人忽略的机会（Shane，2000）。这些创业者特征有：创业意图（谢如梅，2013；Lee et al.，2011）；社会关系网获得信息与资源（Ozgen et al.，2007；郭红东等，2013）；先验知识（Shane，2000；谢如梅，2013），包含相关产业经验知识（Chandler，1996）、创业经验、管理经验、独特经验、职能经验（郭红东等，2013）；有个人特质，包含风险倾向、内控制源、成就需要、不确定容忍度（仲伟仁等，2014）；有对创业机会的警觉性（Kirzner，1973；Ko et al.，2003）。先验知识中的服务市场方式的知识（Shane，2000）、警觉性中的商业构想警觉（Ko et al.，2003）与重构框架（苗青，2008）都是意指建构新的商业模式，最终影响创业机会的发现和识别。有想象力、创造力（方世健，2006）。Sarason（2006）指出创业者与机会的联系构成了适合创业的结构，因此有些创业者的独特知识资源构成了创业机会的一部分。

（三）相关新兴产业创业的创业绩效

Chandler（1996）也用调查和统计分析实证得出了事业相似性（也就是产业相关性）与创业绩效之间存在∩形关系。结果显示出在相关产业创业，事业相似性中等偏高时，创业绩效最高。研究结果隐含着，进入相关新兴产业创业，利用新技术，创造更好的产品服务，可以创造更高的绩效。

（四）文献评述

本文认为，在新兴产业创业机会不明显的情况下，只有相关的现有产业或传统产业的创业者，而且这类创业者有特殊产业知识和资源，才能发现和利用创业机会。本文也对发现机会的创业者特征进行了验证性研究。

三、案例故事（同第一节"三、案例故事"）

四、案例资料分析结果

（一）新兴产业早期创业机会与创业者之间的关系

1. 新企业的商业模式系统是新兴产业的新技术成分与现有产业或传统产业的企业成分相结合产生的，创业者是从相关产业进入的。2. 创业者拥有的资源和创业者发现的顾客需要和要解决的问题是构成机会的一部分因素，机会不是由新技术成分单独形成的。新技术成分与创业者的先前知识与资源成分是互补的（Shane,2000），它们都是建构新的商业模式与产品服务的成分，使创业者更容易发现这个机会（Chandler,1996），其他人很难发现这个机会。3. 创业者在新企业执行的价值创造活动，是他们过去执行过的价值创造活动，因此创业者有能力利用创业机会。4. 在新企业的商业模式中，如果创业者没有经验知识和能力执行的新技术的价值创造活动，创业者是通过建立外部合作联盟关系，由新技术企业执行价值活动。

中国黄页案例：①马云是从相关的教育产业和中英文翻译产业进入的，创立的公司是向中国外贸企业顾客销售服务，用中文广告定制出英文网页广告产品，并且在互联网上展示广告。②马云有英语知识，有海博翻译社，有销售知识，有下游中国外贸企业顾客的问题与需要知识。马云了解下游中国外贸企业顾客需要在外国登广告，接到国外订单，但他们也有疑问：如何用中文广告定制出英文版主页广告，在外国媒体上刊登广告，实现低费用、高效果地接到国际贸易的订单？增加收入和利润。

这些资源与知识是马云拥有的独特资源，它们是与新的互联网技术与美国互联网企业是互补的，可以建构出新企业的商业模式与产品服务。中国黄页企业是由新技术成分结合传统企业成分建立的。③美国公司用新的互联网技术成分建立和运营网站，马云在杭州建立传统企业成分的海博网络公司做销售，这是马云过去执行的价值活动，海博翻译社做中英文翻译的工作，顾客是中国外贸企业。④在中国黄页的商业模式中，马云没有网站开发和运营的经验知识和能力，不能执行用互联网新技术运营网站的价值创造活动。因此马云是通过建立外部合作联盟关系，由美国西雅图的公司用互联网新技术执行开发与运营网站的价值创造活动。

携程网案例：①从互联网大产业角度来看，梁建章从互联网公司辞职，创立了一个新的互联网公司，是相同产业创业。从互联网大产业中的细分产业看，梁建章是从早期的电脑和互联网公司出来，进入一个相关的、早期的互联网旅游信息服务细分产业创业，是相关产业创业。从旅游大产业中的细分产业看，范敏是从传统旅游公司出来，进入一个相关的、早期的互联网旅游信息服务新兴细分产业创业，是相关产业创业。②梁建章是美商甲骨文公司的高级管理者，有电脑网站建设的技术能力，后来加入创业团队的范敏有旅游业的经验知识，这些是创业者的相关产业互补知识资源，与互联网技术共同构成了旅游信息网的创业机会。③梁建章已有网站开发技术，可以执行网站开发价值活动。范敏已有旅游内容知识，可以执行旅游信息开发价值活动。④因为创业团队完整，因此不需要与外部技术公司建立联盟合作关系。

大疆创新案例：传统的遥控直升机玩具产业已经分工细化

了，有专门制造各个部件的企业。汪涛是传统遥控飞机的航模爱好者，也是消费级无人飞机新兴产业第一个进入者。①汪涛是从自动化控制的相关技术位置，和遥控飞机产业的消费者位置，就是从相关传统产业进入新兴的无人飞机产业创业的。②汪涛知道了全球卫星定位技术、高度测量技术、电子指南针测量方向角技术等新技术，它们与传统遥控直升机的技术和组件是互补的，共同构成了结合新技术的无人直升机的创业机会。新企业是新技术成分与传统遥控直升机玩具企业的软硬件成分结合产生的。传统的成分包含：遥控器和飞控系统中的无线通信硬件与软件技术成分，螺旋桨、发动机、支架等硬件成分。汪涛的技术与相关产业知识，与新技术是互补的，使汪涛能率先发现机会形成创业战略。汪涛可以利用新技术率先开发第一代无人直升机飞控系统的自动悬停控制功能。之后可以再增加新功能，从而开发成熟的、功能完整的无人直升机飞控系统。③汪涛已有自动化控制的计算机编程技术，能开发飞控系统的电脑控制软件和硬件，以及遥控器上的软件，能自己执行产品开发价值活动，因此有执行战略的能力。④因为汪涛已有技术能力，因此不需要与外部技术公司建立联盟合作关系。

威鹏案例：吴诣泓和黄俊杰是台湾长庚大学工学院的同学，也是信息社团的社长和信息技术讲师。吴诣泓毕业后曾在 IBM 公司做银行系统开发，黄俊杰毕业后曾在企业开发信息系统。①因此创业者是从电脑和网络相关产业，进入手机移动广告新兴产业创业的。②创业者有电脑网络系统开发和手机 App 开发技术成分，他们与无线通信技术和手机的卫星定位技术成分，以及与传统优惠券广告成分是互补的，都是建构手机移动广告新商业模式与产品服务的成分，使创业者更容易发现机会。③创业者在新企业执行的开发信息系统和手机 App 的价值活动，是他们过去执行过的价值活动，所以有创业战略执行能力。④因为两位创业者已有技术能力，因此不需要与外部技术公司建立联盟合作关系。

（二）相关特殊创业者能率先发现产业极早期或成长早期的不明显机会

率先发现机会的创业者特征：（1）有创业意图（谢如梅，2013；Lee et al.，2011）和创业知识（郭红东等，2013）。马云和季琦是连续创业者，黄页和携程分别是他们的第二次创业；汪涛用新定位技术解决了现有直升机不能自动悬停的问题，通过研发发展了创新异质知识；吴诣泓通过创业大赛准备了第一次创业的知识。（2）有网络关系和社会资本可以取得机会信息（Ozgen et al.，2007；郭红东等，2013）和人力资源。例如，马云与外籍教师比尔的关系，使他发现机会并与美国的互联网公司进行合作。汪涛与香港科技大学的自动化技术中心的关系，使他能得到定位技术模组信息和传统飞控系统的原始程序码。创业者与团队伙伴之间的关系，使创业者能形成团队。（3）有前瞻性格和远见，能看到未来的高成长潜力。马云、季琦、梁建章预见到了互联网产业的未来成长；汪涛看到了新技术能解决现有产品的问题，可以进入新产业；吴诣泓看得很远，预见到了2007年的移动手机产业的利基市场在多年后会成长为大众市场。（4）关注新兴产业，近距离寻找机会。1994年马云第一次听到互联网就非常激动。1995年4月马云到了美国西雅图的互联网公司，马云就站在机会前面，因此他能发现这个互联网创业机会。马云也当机立断，协商建立合作关系，开始创业。季琦和梁建章关注互联网产业，并在其中寻找机会，旅游网站是他们想到的第 4 个创业项目。汪涛在爱好的航模产业，了解遥控直升机容易摔机的产品问题，注意到了卫星定位和高度测量新技术可以解决这个问题，改进产品性能，因此能发现机会。吴诣泓关注移动新兴产业，并在其中寻找机会，移动优惠券是他发现的第 4 个创业项目。（5）创业者从相关产业进入，有积累的知识（Shane，2000），包含相关产业经验知识、创业知识、管理知识。马云、季琦、梁建章、吴诣泓有这几类知识；汪涛有航模使用知识和飞控系统的程序设计基础知识，但他没有创业知识。（6）有些创业者有独特异质的知识与资源，与机会中的新技术资源互补，使得创业者与机会构成了适合创业的机会结构（Sarason，2006）。例如，马云有海博翻译社的中英文翻译独特异质资源，构成创业机会结构和商业模式中的一环，可以将中国企业的中文资料转化成英文版网页广告，与美国的英文网站技术互补，产生服务差异。与其他人相比，马云不只存在信息不对称的问题，还存在资源不对称的问题。汪涛利用过去操作遥控直升机摔机的独特经验，与利用定位技术和高度测量技术解决摔机问题，开发直升机自动悬停功能的机会有关。（7）有创造力，建构了条件—手段—目的关系和商业模式的逻辑。马云、汪涛、吴诣泓 3 位创业者都创建了"条件—手段—目的"的关系，想到了商业模式、商业构想、服务顾客的方式和可盈利的产品。携程网创业者在创业初期没有想到盈利模式，是受到资本市场对互联网企业的高估值信号的引导，警觉到互联网创业机会。（8）有创业警觉性（Kirzner，1973；Ko et al.，2003），能率先识别出创业机会。创业者有对新技术信息、机会信息的警觉，有商业模式构想的警觉性，从而就有创业警觉性，因此能识别出创业机会。在中国黄页案例中，马云警觉到利用互联网可能存在创业机会，因此放弃从洛杉矶市飞回中国，选择飞到西雅图市，去了解互联网，从而探索机会。在携程网和威鹏案例中，创业者能识别多个机会，并且选择一个更有潜力与可行的机会。在大疆创新案例中，汪涛警觉到利用卫星定位等技术，可以改善遥控直升机，成为自动导航与悬停的无人直升机。

以上分析结果多数验证了过去研究建立的创业机会发现和识别理论。不同之处为，创业者可以有意图地在早期的新兴产业寻找机会，预见到新兴产业在未来会持续成长。

五、结论

新企业的商业模式系统是新兴产业的新技术成分与现有产业或传统产业的企业成分相结合产生的，创业者是从相关产业进入的。创业者拥有的资源和创业者发现的顾客需要和要解决的问题是构成机会的一部分因素，机会不是由新技术成分单独形成的。新技术成分与创业者的先前知识与资源成分是互补的，它们都是建构新的商业模式与产品服务的成分，使创业者更容易发现这个机会，其他人很难发现这个机会。创业者在新企业执行的价值创造活动，是他们过去执行过的价值创造活动，因此创业者有能力利用创业机会。在新企业的商业模式中，如果创业者没有经验知识和能力执行利用新技术的价值创造活动，创业者是通过建立外部合作联盟关系，由新技术企业执行价值活动。

影响创业者发现新兴产业早期不明显机会的创业者特征包括：①有创业意图。②有社会网络关系可以取得机会信息和资源。③有创业警觉性。④有前瞻性和远见，能看到未来的高成长潜力。⑤关注新兴产业，近距离寻找机会。⑥从相关产业进入，有先验知识，包含相关产业经验知识、创业知识、管理知识。⑦有些人有独特异质的知识与资源，与机会中的新技术资源互补，共同构成了创业机会结构。⑧有创造力，能建构商业模式的条件—手段—目的的关系。这部分结果从创业者特征角度验证了现有的机会发现理论。

创业者从相关产业进入，率先或在早期利用机会，创建出的商业模式和产品服务，在多数竞争者进入前具有竞争优势。第一代商业模式也是后续商业模式的升级基础。持续的转型升级可以使新企业提高竞争优势，未来可以实现盈利性成长。

第三章　创业者评价创业机会研究
——建立机会价值评价理论模型

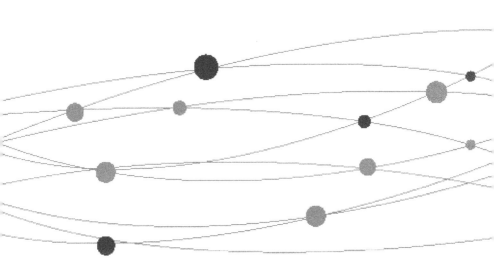

　　迄今没有学者针对机会识别的评价阶段，建立机会价值评价理论模型。朱沛（2017；2010）的两篇论文建立的创业执行阶段的理论模型，可以运用在机会识别过程的评价阶段，成为机会价值评价理论模型。本章应用朱沛（2017；2010）的理论模型，分析研究五个案例，建立机会价值评价理论模型。

第一节 研究现象、问题

一、研究现象与问题：创业者如何评价机会价值（利润）

创业过程可以分为机会识别阶段，同时也是创业决策阶段；机会开发利用阶段，同时也是创业执行阶段。Lumpkin 等人将机会认知的阶段划分为准备、孵化、洞察、评价、精致化 5 个子阶段。机会评价包含盈利性评价和可行性评价（Wood et al.，2015；苗青，2008），前者指机会价值和利润的评价。Wood 等人指出，创业者只有评价出了机会价值足够大，才会引发他行动创业。王伟等（2010）指出，目前已经有评价机会价值的指标体系，但是它们不适用于创业者而是适用于风险投资商。评价的时间点不是创业者发现机会的时间点，因为风险投资商的评价时点是在创业一段时间后，已经产生了新企业、新产品、市场销售潜力和可盈利的时点；评价体系的指标太多，主次不清；没有以机会变量解释产品变量，再解释利润程度的机会价值评价理论模型。创业者发现和识别新兴产业早期不明显机会的过程，也包含机会评价阶段。因此值得探索这类创业的评价阶段，建立机会价值评价理论模型。朱沛（2010；2017）建立了机会开发利用阶段的初始创业机会变量影响产品变量，再影响利润的理论模型，它也可以应用到识别机会过程中的机会评价阶段。针对创业者在新兴产业早期阶段认知机会过程的机会价值评价阶段，提出研究问题：创业者如何评价机会价值（利润）？由于朱沛已经研究出了机会—产品—优势—利润的理论模型与因果关系，因此该问题可以陈述为：哪些机会变量影响产品变量再影响利润程度？

　　本章将朱沛（2010；2017）的两篇文章建立的机会价值评价理论模型，初步应用到研究的 5 个案例中，说明创业者可以利用此模型评价机会的盈利性。以下按照中国黄页、阿里巴巴、携程网、大疆创新、威鹏公司的案例顺序，画出理论模型图，用文字说明这 5 个案例验证了朱沛（2010；2017）研究建立的理论模型。然后分析本研究的案例模型与变量水平与过去的模型与变量水平之间的不同之处，指出过去的理论可以改进的方向。

第二节　案例资料分析、机会价值评价理论模型、结论

一、中国黄页案例资料分析

　　中国黄页创业机会一半是由上游互联网媒体组件形成的，是被创业者发现的机会。但是这个机会的另一半是创业者拥有的独特资源形成的，因为马云有海波翻译社的独特资源。另外马云有创新异质知识。所以这个机会既是发现的，也是创造的。

（一）中国黄页案例验证了朱沛（2017）的理论模型（相同点）
　　图 3-1 的中国黄页理论模型图与朱沛（2017；2010）两篇论文中的理论模型图是一致的，请读者阅读第五章的论文中的模型图。

1.创业机会变量影响产品服务竞争属性

（1）上游新组件有价值的差异程度、创新异质知识有价值的差异程度影响产品服务有价值的差异程度。

在案例中有两个产品服务差异来源于变量：新产品服务差异一方面来源于上游美国公司的互联网广告展示组件提供的服务差异，另一方面来源于创业者的创新异质知识，也就是商业模式和产品服务的创意产生的差异。

"上游新组件有价值的差异程度"构念，是指与多数竞争者的产品中利用的旧组件属性程度相比，创业者利用的上游新组件属性程度的相对超出规定的程度，这种差异对下游目标细分市场顾客是有价值的。组件差异程度的测量，可以客观计算新组件效能比旧组件效能超出部分的相对百分比，或应用于主观判断。在中国黄页案例中，上游新组件有价值的差异程度（大）是指，与在少数欧美国家渠道发行工商广告书籍的传统纸质媒体的英文广告展示量和成本比，互联网展示组件有展示量更大，成本更低的差异程度，对需要在外国刊登广告的中国外贸企业顾客有价值。

"产品服务有价值的差异程度"构念，差异是指与竞争者的旧产品属性程度相比，新企业的新产品属性程度超出的程度。产品属性指产品的性能、品质、服务、成本等重要属性的程度。有价值的是指产品属性差异对下游目标细分市场的顾客有价值。产品有价值的差异程度的量化测量，可以计算新产品属性程度比竞争产品的属性程度超出部分的百分比。无法量化测量的可经由主观进行判定。此变量就是对目标细分市场顾客而言的，产品的效能与成本比更高。

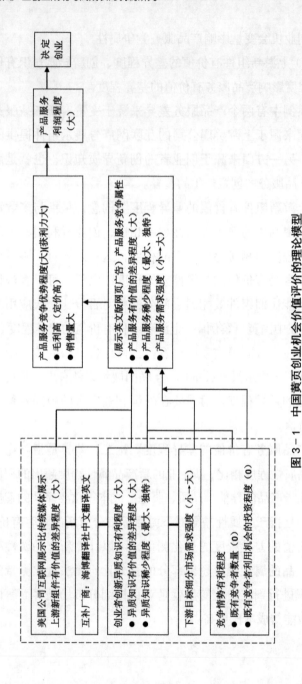

图 3-1 中国黄页创业机会价值评价的理论模型

　　在中国黄页案例中，产品服务有价值的差异程度（大）是指，与在外国渠道发行工商广告书籍的传统纸质媒体广告的有效广告展示量和支付的费用比，互联网英文版网页广告存在有效展示量更大，成本更低的差异程度大（效能/成本比更大），对需要在外国刊登广告的中国外贸企业顾客有价值。

　　在网页广告的有效展示人数占网页广告展示总人数的比率固定的条件下，如果网页广告展示的总人数越大，则有效展示人数就越大。

　　由此可得命题1：上游新组件有价值的差异程度越大，则产品服务有价值的差异程度越大。

　　创新异质知识有价值的差异程度是指，创业者的创新知识产生的产品属性程度与竞争者的产业内通用知识产生的产品属性程度相比的差异程度，对下游目标细分市场顾客有价值。在中国黄页案例中，创新异质知识有价值的差异程度（大）是指，与国内或国外的其他广告公司用中文定制英文广告的准确性与成本比，创业者马云利用海博翻译社用客户的中文广告定制出英文版网页广告，具有准确性更高和成本更低的差异程度，对需要在外国刊登广告的中国外贸企业顾客有价值。这个变量影响英文版网页广告的展示效果，就是被搜索到和展示给有效顾客的人数。

　　由此可得命题2：创新异质知识有价值的差异程度越大，则产品服务有价值的差异程度就越大。

　　（2）创新异质知识稀少程度、既有竞争者数量影响产品服务稀少程度。

　　创新异质知识稀少程度是指创业者想到的新商业模式和新产品服务在产业内的企业和全部创业者中稀少的程度。间接测量方式可以计算新企业的商业模式和产品服务上市时有相同差异性新产品的竞争厂商数。稀少程度最高为独特,即一个创业者独有这种知识。稀少程度次高,即两个创业者有这种知识;依此类推。

产品服务稀少程度是指此产品在产业内厂商中稀少的程度。测量方式可以计算差异性新产品上市时有相同差异性新产品的竞争厂商数。稀少程度最高为独特,即一家新企业独占目标细分市场。稀少程度次高,即两家企业寡占目标细分市场;依此类推。

马云率先想到新商业模式和产品服务,马云也利用了自己的海博翻译社的独特资源,创新异质知识稀少程度最大、独特。马云先行动率先推出了这种新产品服务,使产品服务稀少程度最大,最独特。

由此可得命题3:创新异质知识稀少程度越大,则产品服务稀少程度越大。

既有竞争者数量指差异化开始时已经利用上游新组件的竞争厂商数量。马云在发现机会与产生创意时,在国内没有中国互联网公司和中文网站,没有其他竞争者发现机会,因此既有竞争者数量等于零。这使得新产品服务的稀少程度是最大,最独特的。

由此可得命题4:既有竞争者数量越小,则产品服务稀少程度越大。

(3)下游细分市场整体需求强度、既有竞争者利用机会的投资程度,影响新产品服务需求强度。

下游细分市场整体需求强度是指,在价格处于不同水平时,下游细分市场整体需求量多少。也就是在经济学的价格与数量构成的供给与需求图上，细分市场整体需求线靠右的程度。在中国黄页案例中，下游中国外贸企业细分市场整体需求强度随着时间从前往后流动，实际呈现由小到大的变动趋势，它与产业基础结构发展程度由小到大有关。

产品服务需求强度是指，不同价格水平对应的产品服务需求量的多少。也就是在经济学中由价格和数量构成的供给需求图，下游目标细分市场对新产品服务的需求线靠右的程度。

在其他条件不变的情况下，下游细分市场整体需求强度越大，则每一家企业分配到的需求量就越大，新产品服务需求强度就越大。在没有竞争者的情况下，下游细分市场整体需求强度，就等于新企业的新产品服务需求强度。在中国黄页案例中，由于马云发现机会时，没有既有竞争者瓜分市场需求量，因此下游细分市场整体需求强度等于新产品服务需求强度。中国黄页从 1995 年 4 月开始创业时，到 1995 年年底竞争者进入前的时期属于这种情况。

由此可得命题 5：下游目标细分市场需求强度越大，则产品服务需求强度越大。

既有竞争者利用机会的投资程度是指，在创业者发现机会时，已经发现和利用此机会的多个既有竞争者的总体相对投资程度。在中国黄页案例中，马云发现机会时没有既有竞争者，既有竞争者利用机会的投资程度等于零。

如果多个既有竞争者的投资程度越大，则细分市场的总体需求量被竞争者瓜分的程度越大，则产品服务需求量越小。

由此可得命题 6：既有竞争者利用机会的投资程度反向调节，下游目标细分市场需求强度与产品服务需求强度的正向关系。

（4）产品服务竞争属性影响产品服务竞争优势的关系。

关于命题 7、8、9 中的构念的命名、定义、测量和因果关系论述，读者可以阅读本书第四章中朱沛（2017）和第五章中朱沛（2010）的两篇论文。

产品竞争优势程度是指新产品的获利能力高于产业中竞争产品平均获利能力的程度。产品获利能力是单位时间内产品利润流量，可通过产品的毛利率和单位时间的销售量测量而得出结果。

差异化后新产品上市时有三个同时存在的产品竞争力属性，分别为产品服务有价值的差异程度、产品稀少程度、产品需求强度，它们影响产品竞争优势程度。

产品服务有价值的差异程度（大）就是对目标细分市场顾客而言的，产品的效能与成本比更高。一方面可以使产品定价高于成本，保持毛利高。另一方面仍然保持产品的效能与价格比更高，保持目标顾客让渡价值更高，使产品需求量和企业销售量大。毛利高 × 单位时间销售量大 = 单位时间产品利润流量高，就是新产品获利能力高，并且新产品相对获利能力大，就是产品竞争优势程度大。

产品服务稀少程度从最小到最大，就是指产业内有这种新产品的企业数量从很多到最少（没有），在目标细分市场的经济学的供给与需求图中，产品均衡点从完全竞争市场定价越向垄断独占定价移动，利润从完全竞争市场没有超额利润越向最高的垄断独占利润移动，使产品竞争优势越大。

产品服务需求强度越大就是在目标细分市场的经济学的供给与需求图中，在给定价格水平下需求量越大，就是负斜率的需求线越往右移，则供需均衡价格越高，产品的销售收入越大，利润越大，使产品竞争优势越大。在中国黄页案例中，产品服务有价值的差异程度大，产品服务稀少程度大，产品服务需求强度是先小后大。就是创业初期几个月的销售收入和利润少，但是前瞻未来 1 到 2 年的收入和利润较大。

通过以上分析可得命题 7: 产品服务有价值的差异程度越大，产品服务稀少程度越大，产品服务需求强度越大，则产品竞争优势程度越大。

（5）产品服务竞争优势影响产品利润的关系。

产品获利能力对时间积分即为一段期间的利润。由此可得命题 8：产品服务竞争优势程度越大，则产品服务利润程度越大以及相对利润越大。

（二）马云用上述模型评价出机会价值大，决定创业

以上是静态的机会价值评价模型，马云从创业机会变量，经过产品变量，可以评价出利用该机会的短中期获利大，也就是机会价值大。从动态视角，马云前瞻到几年后，互联网的连接人数会更多。因为有了更多网民的搜索，使网页广告展示量更大，使产品服务有价值的差异程度更大。而且中国有巨量外贸企业，需求潜力巨大，则机会的潜在价值巨大。产品差异和巨大需求使产品有竞争优势，未来能获利，因此马云做出了创业的决策。

（三）不同点：案例中的变量水平不同

差异点在于中国黄页描述的是新兴产业开始时期，产业的基础结构太少，使得下游中国外贸企业细分市场整体需求强度很小，实际呈现由小到大的变动趋势，也产生了产品服务需求强度由小到大变动的趋势。因为 1995 年 4 月到 8 月中国还没有与美国联网，中国外贸企业顾客根本连网页都看不见，也不确定广告效果，难以相信马云推销的英文版网页广告和展示服务

的效果，使需求量变小。而在朱沛（2017）研究的相同产业成长期创业类型中，因为产业成长期已经有了市场需求，下游细分市场整体需求强度大，因此企业短期就容易盈利。未来的模型可以考虑加入产业基础结构变量。

二、阿里巴巴案例资料分析

阿里巴巴案例的创业机会类似结合了朱沛（2010）研究的方太案例的机会与朱沛（2017）研究的瑞传、世洋案例的机会。机会是创业者创造出来的，也是因为上游组件形成了机会，被创业者发现的。不同之处为，方太利用的机会做出的产品是现有产品的升级；而阿里巴巴利用的创业机会是将企业重新进行水平定位与转型到 B2B 平台细分市场，为商人和企业客户群体提供商业信息流服务，当时没有竞争者定位在此细分市场。马云从北京外经贸部的互联网企业（网站施工队），进入 B2B 互联网细分产业创立民营企业，是在大的互联网产业进入相关 B2B 细分产业创业。当时没有其他互联网企业进入和定位在 B2B 细分产业，因此对这个产业中买卖双方客户服务得不够好。下面的案例分析和模型建构省略了构念定义，读者可以看上面中国黄页案例的构念定义与测量。

（一）阿里巴巴案例验证了朱沛（2010）的理论模型（相同点）

1. 创业机会变量影响产品服务竞争属性

（1）上游新组件有价值的差异程度、创新异质知识有价值的差异程度影响产品服务有价值的差异程度。

在阿里巴巴案例中有两个产品服务差异来源变量：新产品服务差异一方面来源于上游互联网媒体和通信组件提供的信息服务差异；另一方面来源于创业者的创新异质知识的差异，也就是来源于 B2B 商业模式和产品服务的创意产生的差异。两种差异来源使阿里巴巴网站即垂直吸引了没上网的商人进入线上阿里巴巴网站，又吸引了其他网站的商人进入阿里巴巴网站。

上游新组件有价值的差异程度（大）是指，与传统的媒体和电话通信组件比，创业者马云利用的互联网媒体与通信组件的差异程度大。交易两方的商人和企业顾客用工商企业电话本、报纸、杂志、电视、人际关系网等传统媒体广告的有效展示量低、没有准确快速搜索功能、电话通讯沟通的方便性低、成本高。与此相比，互联网媒体与通讯组件的差异程度很大，就是具有网页广告组件的有效展示量更大、有更准确快速的搜索功能、沟通更方便，成本更低（接近零成本）。这种差异对交易两方的需要快速准确搜索到对方与进行交易沟通协商的商人和企业顾客有价值。

产品服务有价值的差异程度（大）一方面是指，与传统媒体和电话通信服务比，阿里巴巴网站的互联网媒体与通信服务的差异程度大。交易两方的商人和企业顾客用工商企业电话本、报纸、杂志、电视、人际关系网等传统媒体广告的有效展示量低、没有准确快速搜索功能、电话通信沟通的方便性低、成本高。与此相比，阿里巴巴网站服务利用了互联网媒体与通信组件的差异程度很大（效能／成本比更大），就是在网站内具有网页广告的有效展示量更大、有更准确快速的搜索功能、沟通更方便，成本更低。差异对交易两方需要快速准确搜索到对方与进行交易沟通协商的商人和企业顾客有价值。

由此可得命题 1：上游新组件有价值的差异程度越大，则产品服务有价值的差异程度越大。

创新异质知识有价值的差异程度（大）是指，其他竞争网站的经营者没有专门对商人提供买卖信息服务的知识，例如没有企业账户和企业网页空间。与其相比，创业者马云有 B2B 网站的创意（知识），对商人提供的买卖信息服务程度更高，例如有企业账户和企业网页空间，有搜索功能，而且免费，差异程度大。

差异对商人与企业顾客有价值，由此可得命题 2：创新异质知识有价值的差异程度越大，则产品服务有价值的差异程度越大。

（2）创新异质知识稀少程度、既有竞争者数量影响产品服务的稀少程度。

马云率先想到 B2B 新商业模式和产品服务，创新异质知识稀少程度最高，是独特的，既有竞争者数量最小，等于零。先行动使得马云率先推出了这种新产品服务，稀少程度最高，是独特的。

由此可得命题 3：创新异质知识稀少程度越大（最大、独特），则产品服务稀少程度越大（最大、独特）。

（3）下游细分市场整体需求强度，影响新产品服务需求强度。

马云发现机会时，没有既有竞争者瓜分市场需求量，因此下游细分市场整体需求强度等于新产品服务需求强度。下游 B2B 细分市场整体需求强度实际很大。

由此可得命题 5：下游目标细分市场需求强度越大，则新产品服务需求强度越大。

上面的中国黄页案例已经说明了理论命题 7、8，此处不再详述。

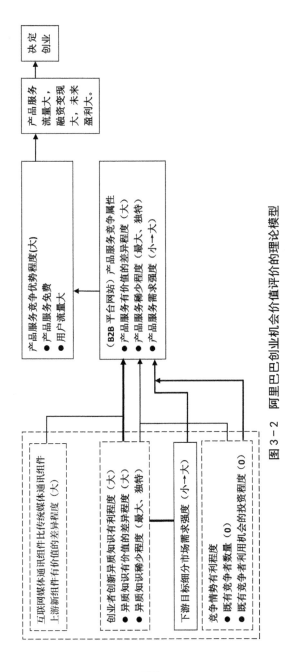

图 3 - 2 阿里巴巴创业机会价值评价的理论模型

（二）马云用上述模型评价出机会价值大，决定创业

马云的团队在北京外经贸部做互联网上的中国商品交易市场网站，收费办法是外经贸部在各地建立代表处，把当地中小型企业放在网上。企业上网很踊跃，网站很快就在当年盈利了。这使马云率先想到建立 B2B 网站，为买卖的商人提供更好的商业信息交流服务，产品服务有价值的差异大，稀少性大，没有竞争者。而且马云从中国商品交易市场网站看到许多企业付费上网，显示未来能收费，而且存在巨大的市场需求潜力。中国商品交易市场网站在当年创建之时就已盈利，显示未来的新企业有巨大的盈利潜力。马云评估出了机会的巨大价值，因此马云决定进行第二次互联网创业。

（三）不同点：案例中的新产品服务定价水平不同，发展路径不同

马云是从雅虎的发展路径，想到阿里巴巴的发展路径和产品服务的定价策略。阿里巴巴的商业模式与产品服务的第一阶段策略是，通过为买卖双方的商人免费提供商业信息交流服务，渗透市场，扩大用户数量的流量，同时也阻止竞争者进入。目标是通过形成大量用户流量，然后向风险投资商高溢价股权融资，出让一部分股份获取未来发展需要的大额资金，实现流量变现。第二阶段再投资发展企业并探索盈利模式和可盈利商品，从而实现盈利和成长。

三、携程网案例资料分析

携程网案例的创业机会类似结合了朱沛（2010）研究的方太案例的机会与朱沛（2017）研究的瑞传、世洋案例的机会。机会是创业者创造出来的，也是因为上游组件形成了机会，被

创业者发现的。不同之处为，方太利用的机会做出的产品是现有产品的升级；携程网利用的创业机会是将企业水平定位到为旅游人群提供旅游信息流服务，当时只有两家竞争者网站定位在此细分市场。

（一）携程网案例验证了朱沛（2010）的理论模型（相同点），但是变量水平不同

1.创业机会变量影响产品服务竞争属性

（1）上游新组件有价值的差异程度、创新异质知识有价值的差异程度影响产品服务有价值的差异程度。

在案例中有两个产品服务差异来源变量：新产品服务差异一方面来源于上游互联网技术组件提供的服务差异；另一方面来源于创业者的创新异质知识的差异，也就是来源于旅游信息网站商业模式和产品服务的创意产生的差异。两种差异来源使携程网即垂直吸引了没上网的旅游人士进入线上携程旅游网站，又水平吸引了门户网等其他网站的旅游人士进入携程旅游网站。

上游新组件有价值的差异程度（大）是指，与传统的媒体和电话通信组件比，携程网创业者利用的互联网媒体与通信组件的差异程度大。旅游人士用传统旅游书籍搜索信息不方便、电话通信沟通的方便性低、成本高。与此相比，互联网媒体与通信组件的差异程度很大，就是具有网页广告组件的有效展示量更大、有更准确快速的旅游搜索功能、沟通更方便，成本更低（接近零成本）。这种差异对需要快速准确搜索到旅游信息的人士有价值。

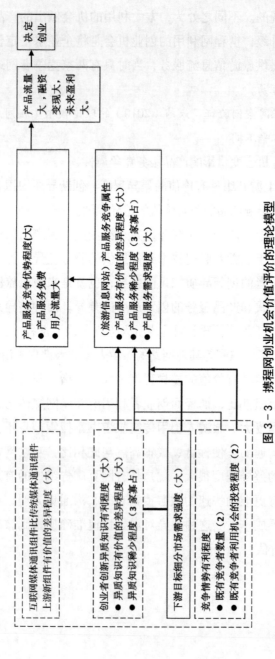

图 3 - 3　携程网创业机会价值评价的理论模型

产品服务有价值的差异程度（大）一方面是指，与传统媒体和电话通信服务比，携程网的互联网媒体与通信服务的差异程度大。旅游人士用传统旅游书籍搜索信息不方便、没有准确快速的搜索功能、电话通信沟通的方便性低、成本高。与此相比，携程旅游网的服务利用了互联网媒体与通信组件的差异程度很大（效能/成本比更大），就是在网站内具有网页广告的有效展示量更大、有更准确快速的搜索功能、沟通更方便，成本更低。差异对需要快速准确搜索到旅游信息的人士有价值。

由此可得命题1：上游新组件有价值的差异程度越大，则产品服务有价值的差异程度越大。

创新异质知识有价值的差异程度（大）是指，很少的竞争网站的经营者有专门对旅游人群提供旅游信息服务的知识，与其相比，创业者有旅游信息服务网站的创意，对旅游人群提供的旅游信息服务水平更高，而且免费，差异程度大，对旅游人群有价值。

产品服务有价值的差异程度（大）另一方面是指，很少竞争的网站专门对旅游人群提供旅游信息服务，与其相比，携程网的旅游信息网站对旅游人群提供旅游信息服务水平更高，而且免费，差异程度大，对旅游人群有价值。

由此可得命题2：创新异质知识有价值的差异程度越大，则产品服务有价值的差异程度越大。

（2）创新异质知识稀少程度、既有竞争者数量影响产品服务稀少程度。

梁建章和季琦想到新商业模式和产品服务，是第三个企业创业者想到的。使得携程第三推出了这种新产品服务，稀少程度较高。

由此可得命题 3：创新异质知识稀少程度越大（三家、稀少），则产品服务稀少程度越大（三家、稀少）。

既有竞争者数量（小＝2）反向影响产品服务稀少程度（三家）。梁建章和季琦发现机会与产生创意时，已有两家创业者想到了旅游网站，因此既有竞争者数量＝2。这使得新产品服务的稀少程度较高，是三家寡占。

由此可得命题 4：既有竞争者数量越小，则产品服务稀少程度越大。

（3）下游细分市场整体需求强度，影响新产品服务需求强度，下游旅游信息服务细分市场整体需求强度实际很大。

创业者发现机会时，已有两家竞争者瓜分市场需求量。下游细分市场整体需求强度，正向影响新产品服务需求强度。

由此可得命题 5：下游目标细分市场需求强度越大，则新产品服务需求强度越大。

既有竞争者利用机会的投资程度是指，在创业者发现机会时，已经发现和利用此机会的多个既有竞争者的总体相对投资程度。在案例中，发现机会时有两个既有竞争者，既有竞争者利用机会的投资程度大于零。

如果多个既有竞争者的投资程度越大，则细分市场的总体需求量被竞争者瓜分的程度越大，则产品服务需求量越小。

由此可得命题 6：既有竞争者利用机会的投资程度反向调节，下游目标细分市场需求强度与产品服务需求强度呈正向关系。

上面中国黄页案例已经说明了理论命题7、8，此处不再详述。

（二）梁建章与季琦用上述模型评价出机会价值大，决定创业

梁建章和季琦从美国旅游网站的成功上市，使他们第三个想到在中国建立提供旅游信息服务的网站，产品服务有价值的

差异大，稀少性较大，有两家竞争者。中国有大量旅游人群，存在巨大的市场需求潜力。虽然他们决定初期提供免费服务渗透市场获取流量，但是他们相信可以靠流量融资变现，在未来赚取利润。他们评估出了机会有很大价值，因此决定创业。

（三）不同点：案例中的新产品服务定价水平不同，发展路径不同

梁建章和季琦是从美国旅游网站的发展路径，想到携程网的发展路径和产品服务的定价策略。携程网商业模式与产品服务的第一阶段策略是，通过为旅游人群免费提供旅游信息服务，渗透市场，扩大用户数量。目标是通过形成大量的用户流量，向风险投资商高溢价股权融资，出让一部分股份获取未来发展需要的大额资金，实现流量变现。第二阶段再投资发展企业并探索盈利模式和可盈利商品，从而实现盈利和成长。

四、大疆创新案例资料分析

（一）大疆创新案例验证了朱沛（2017）的理论模型（相同点）

1.创业机会变量影响产品服务竞争属性

（1）上游新组件有价值的差异程度、创新异质知识有价值的差异程度影响产品服务有价值的差异程度。

在案例中，新产品服务差异一方面来源于上游全球卫星定位、电子指南针、高度测量组件提供的性能差异，另一方面来源于创业者的创新异质知识，也就是来源于产品服务的创意产生的差异。这两类差异会影响产品有价值的差异。

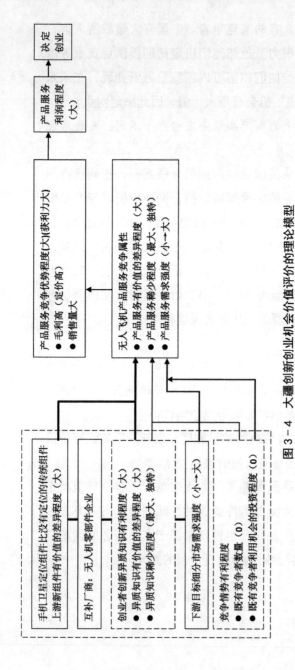

图 3 - 4 大疆创新创业机会价值评价的理论模型

上游组件有价值的差异程度（大）是指，传统的遥控直升机航模玩具没有全球卫星定位组件、电子指南针组件、高度测量组件，与其相比，上游全球卫星定位组件、电子指南针组件、高度测量组件的差异程度大，可以测定直升机的位置、方向、高度等信息，可以设计自动控制程序，抓取这些信息，控制无人直升机自动悬停或按照导航飞行，对升级的航模顾客有价值。

产品服务有价值的差异程度（大）是指，与传统的消费级遥控直升机航模玩具相比，利用了上游新技术组件的无人直升机，有自动悬停和按照导航飞行功能的差异程度，对升级的航模顾客有价值。

由此可得命题1：上游组件有价值的差异程度越大，则产品服务有价值的差异程度越大。

创新异质知识有价值的差异程度（大）是指，竞争者没有设计自动悬停或按照导航飞行功能，与其相比，创业者设计自动悬停或按照导航飞行功能的创意有差异程度，对升级的航模顾客有价值。这个变量正向影响产品服务有价值的差异程度。

由此可得命题2：创新异质知识有价值的差异程度越大，则产品服务有价值的差异程度越大。

（2）创新异质知识稀少程度、既有竞争者数量影响产品服务稀少程度。

汪涛率先想出新产品创意，创新异质知识稀少程度最大、独特。先行动使汪涛率先推出了这种新产品服务，产品稀少程度最大，是独特的。

由此可得命题3：创新异质知识稀少程度越大，则产品服务稀少程度越大。

汪涛发现机会与产生创意时，没有其他竞争者发现机会，因此既有竞争者数量等于零。这使得新产品服务的稀少程度为最高水平且独特。

由此可得命题4：既有竞争者数量越小，则产品服务稀少程度越大。

（3）下游细分市场整体需求强度、既有竞争者利用机会的投资程度，影响新产品服务需求强度。

下游无人机细分市场整体需求强度实际呈现由小到大的变动趋势，它与产业基础结构发展程度由小到大有关。

在其他条件不变的情况下，下游细分市场整体需求强度越大，每一家企业分配到的需求量就越大，则新产品服务需求强度越大。在没有竞争者的情况下，下游细分市场整体需求强度，就等于新企业的新产品服务需求强度。在案例中由于汪涛发现机会时，没有既有竞争者瓜分市场需求量，因此下游细分市场整体需求强度等于新产品服务需求强度。

由此可得命题5：下游目标细分市场需求强度越大，则新产品服务需求强度越大。

既有竞争者利用机会的投资程度是指，在创业者发现机会时，已经发现和利用此机会的多个既有竞争者的总体相对投资程度。在案例中，汪涛发现机会时没有既有竞争者，既有竞争者利用机会的投资程度等于零。

如果多个既有竞争者的投资程度越大，则细分市场的总体需求量被竞争者瓜分的程度大，则产品服务需求量越小。

由此可得命题6：既有竞争者利用机会的投资程度反向调节，下游目标细分市场需求强度与产品服务需求强度呈正向关系。

上述的中国黄页案例已经说明了理论命题7、8，此处不再详述。

（二）汪涛用上述模型评价出机会价值大，决定创业

汪涛从创业机会变量，经过产品变量，可以评价出利用该机会的短中期获利大，也就是机会价值大。他前瞻到几年后无人机技术发展的空间巨大，将使产品服务有价值的差异程度更大。全球无人机的需求潜力巨大，则机会的潜在价值巨大。产品差异和巨大需求使产品有竞争优势，未来能获利，因此汪涛做出了创业的决策。

（三）不同点：案例中的变量水平不同

差异点在于大疆创新描述的是新兴产业开始时期，产业的基础结构太小，使得下游短期无人机细分市场整体需求强度很小，实际呈现由小到大的变动趋势，产生了产品服务需求强度由小变大。未来的模型可以考虑加入产业基础结构变量。

五、威鹏案例资料分析

（一）威鹏案例验证了朱沛（2017）的理论模型（相同点）

1.创业机会变量影响产品服务竞争属性

（1）上游新组件有价值的差异程度、创新异质知识有价值的差异程度影响产品服务有价值的差异程度。

在案例中，新产品服务差异一方面来源于上游手机中的全球卫星定位组件提供的性能差异，另一方面来源于创业者的创新异质知识，也就是来源于产品服务的创意产生的差异。这两类差异会影响产品服务有价值的差异。

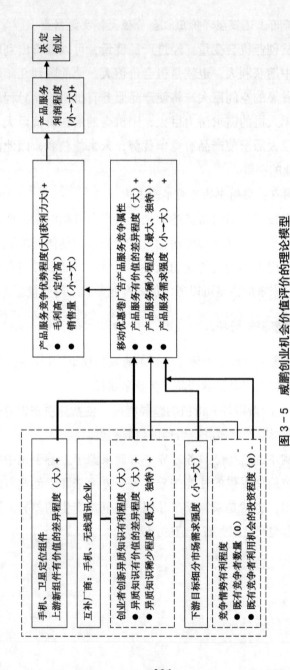

图 3 - 5 威鹏创业机会价值评价的理论模型

上游组件有价值的差异程度（大）是指，传统的电视、报纸、电台、杂志、互联网等媒体的广告没有全球卫星定位组件，与其相比，上游全球卫星定位组件的差异程度大，对商店向在近距离范围内的顾客投放广告有价值。上游组件可以测定手机用户的位置等信息，可以设计手机 App 程序，获取手机端用户的位置信息，无线传送到服务器端移动优惠券广告系统的信息中心，用程序比对用户位置和广告的商店位置，对商店 3 公里范围内的用户发送移动优惠券广告。

产品服务有价值的差异程度(大)是指，与传统的电视、报纸、电台、杂志、互联网等媒体的广告相比，利用了上游手机卫星定位新技术组件做出的适地性移动优惠券广告的差异程度大，对商店顾客在近距离的范围投放广告有价值。移动优惠券广告能对商店几公里内小范围的手机用户精准投放广告，它的转化率比没有位置信息的传统广告的转化率高了 10 多倍。

命题 1：上游组件有价值的差异程度越大，则产品服务有价值的差异程度越大。

创新异质知识有价值的差异程度（大）是指，竞争者没有设计出移动优惠券广告系统，与其相比，创业者设计的移动优惠券广告系统和手机 App 有差异程度，对商店的企业顾客有价值。这个变量正向影响产品服务有价值的差异程度。

由此可得命题 2：创新异质知识有价值的差异程度越大，则产品服务有价值的差异程度越大。

（2）创新异质知识稀少程度、既有竞争者数量影响产品服务稀少程度。

吴诣泓率先想出商业模式和新产品服务创意，创新异质知识稀少程度最大、独特。先行动使吴诣泓率先推出了这种新产品服务，产品稀少程度最大，是独特的。

由此可得命题3：创新异质知识稀少程度越大，则产品服务稀少程度越大。

吴诣泓发现机会与产生创意时，没有其他竞争者发现机会，因此既有竞争者数量等于零。这使得新产品服务的稀少程度为最高水平且独特。

由此可得命题4：既有竞争者数量越小，则产品服务稀少程度越大。

（3）下游细分市场整体需求强度、既有竞争者利用机会的投资程度，影响新产品服务需求强度。

下游移动优惠券广告细分市场整体需求强度实际呈现由小到大的变动趋势，它与产业基础结构发展程度由小到大有关。

在其他条件不变的情况下，下游细分市场整体需求强度越大，每一家企业分配到的需求量就越大，则新产品服务需求强度越大。在没有竞争者的情况下，下游细分市场整体需求强度就等于新企业的新产品服务需求强度。在案例中，由于吴诣泓率先发现机会时，没有既有竞争者瓜分市场需求量，因此下游细分市场整体需求强度等于新产品服务需求强度。

由此可得命题5：下游目标细分市场需求强度越大，则新产品服务需求强度越大。

既有竞争者利用机会的投资程度是指，在创业者发现机会时，已经发现和利用此机会的多个既有竞争者的总体相对投资程度。在案例中，吴诣泓发现机会时没有既有竞争者，既有竞争者利用机会的投资程度等于零。

如果多个既有竞争者的投资程度越大，则细分市场的总体需求量被竞争者瓜分的程度越大，则产品服务需求量越小。

由此可得命题 6：既有竞争者利用机会的投资程度反向调节，下游目标细分市场需求强度与产品服务需求强度呈正向关系。

上述的中国黄页案例已经说明了理论命题 7、8，此处不再详述。

（二）吴诣泓用上述模型评价出机会价值大，决定创业

吴诣泓从创业机会变量，经过产品变量，可以评价出利用该机会的短中期获利大，也就是机会价值大。他前瞻到几年后移动广告发展的空间巨大，将使产品服务有价值的差异程度更大。移动广告市场需求的潜力巨大，则机会的潜在价值巨大。差异的产品和巨大的需求使产品有竞争优势，未来能获利，因此吴诣泓做出了创业决策。

（三）不同点：案例中的变量水平不同

差异点在于威鹏案例描述的是新兴产业开始时期，产业的基础结构太小，使得下游短期移动优惠券广告细分市场整体需求强度开始很小，实际呈现由小到大的变动趋势，产生了产品服务需求强度由小变大。未来的模型可以考虑加入产业基础结构变量。

六、结论

案例分析建构的机会价值评价理论模型图显示出，朱沛（2017；2010）的两篇论文建构的理论模型是适用于评价新兴产业创业机会的，但是模型中还需要加入一些影响变量水平的新变量，例如产业基本结构普及程度等。未来需要更细致地分析模型与案例资料之间的适配性，修改模型到更适配资料，具有更高的解释力。

第四章 新兴产业创业过程中实现创业成功与高成长的机理研究

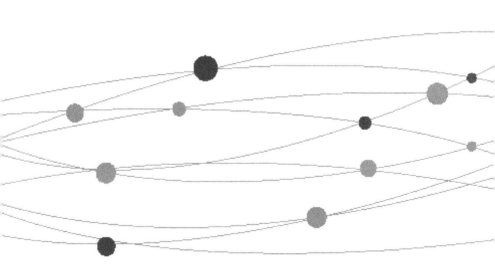

本章研究相同产业成长期或技术改变期创业的执行阶段，创业者利用上游新组件形成的创业机会实现产品差异化、优势、利润的影响关系。建立的理论模型可以应用于创业机会识别过程的机会评价阶段，建立机会价值评价理论模型。

第一节　案例研究方法、案例故事

一、案例研究方法

本研究采用理论建立的探索性案例研究方法，因为迄今没有人深入探索过此现象，现有理论不足以解释，需要新鲜的解释观点（Eisenhardt，1989）。研究设计采取 5 个案例（4 个创业者案例），既能满足发现新的与深入的解释观点的探索目的，也能达到运用复现逻辑发展有外部效度的类型内一般的理论（Yin，1994）。按照新兴产业的具有高成长性和成为领导企业的准则，选择了以下 4 个案例。马云在 1995 年创立的中国黄页与 1999 年创立的阿里巴巴，阿里巴巴现在是全球最大的互联网电子商务企业，市值达到 4 300 亿美元。中国黄页与阿里巴巴被当作同一个案例的不同阶段。因为马云在前期中国黄页累积的产业知识基础上，创立了后期商业模式升级的阿里巴巴，因此没有中国黄页就不会有后来创立的阿里巴巴，阿里巴巴高成长的源头来自中国黄页利用的机会。季琦、梁建章、沈南鹏、范敏在 1999 年创立的携程网，现在是中国最大的互联网旅游服务企业，市值 100 亿美元。汪涛在 2006 年创立的大疆创新，现在是全球最大的航拍无人飞机企业，估值 150 亿美元。吴诣泓、黄俊杰在 2007 年创立的威鹏（有的放矢），是福布斯 2015 年中国未上市潜力企业第三名，是台湾最大与中国大型移动广告平台开发服务企业。资料收集包含访谈创业团队成员，收集书籍、网上媒体报道的企业、竞争者和产业资料。多个来源的资料三角校验相同事实，提高资料的效度。资料整理按照时间先后和不同因素对资料进行归类重排，还原创业过程，再根据理论和研究需要选择重要的资料编写案例故事，显示蕴含的逻辑，便于资料分析。

本书是对创业过程中产生创业成功和高成长的机理的多视角研究。总的分析单元是创业过程（Yin，1994）。为了界定清楚分析单元，需要界定清楚创业过程的时间周期跨度。Vohora（2004）；王迎军和韩炜（2010）强调稳定状态、可持续收益（财务自立）、组织制度化（组织自立）是新企业成长期终止点的特征。这类线性成长阶段模型研究为界定新企业成长期终止点提供了依据，明确将新企业成长研究范围的时间跨度从长周期，缩短聚焦到从新企业开始创立，成长到具有财务自立和组织自立的稳定状态。财务自立意味着新企业在产业中已经跨过盈亏平衡点实现了盈利，产品服务技术领先，有竞争优势和强的市场地位，因此在新企业这个时期已经跨过了生存期进入了成长早期。在第二节创业阶段的理论探讨部分指出，在探索研究的期间，从创业者开始利用机会的孕育期，延伸到已经实现盈利性成长，进入了成长早期阶段。此时新企业产品服务技术领先，有竞争优势和强市场地位。

多视角包含：创业机会、创业阶段、商业模式和产品服务、资源转化、动态能力。这些视角决定了创业过程研究的内部镶嵌的分析单元。（1）创业阶段研究的分析单元就是整个创业过程，研究结果可以划分过程建立线性成长的创业阶段理论，也就是建立企业组织诞生与成长的生命周期阶段理论。不同创业阶段有应有的阶段战略活动与目标。（2）在本章第二节理论探讨部分，将新企业的资源进行分类，对比创业开始与新企业实现盈利后的资源种类与存量的差距，显示出创业过程也是不同类型的资源转化与新资源生成的过程。在线性成长的创业大阶段和商业模式大阶段中存在资源转化的小阶段。将资源转化要以四类资源转化的一个周期循环为分析单元。资源转化与创业阶段相结合进行研究，可以揭露出利用达到上一个阶段的目标，实现资源转化，可以使新企业快速补充短缺的资源，保持资源平衡地发展，增强未来发展能力，增强应对低价竞争的抗风险能力。（3）在本章第三节里，笔者指出生存期阶段可能包含几次商业模式转型升级大阶段。商业模式的分析单元是前后两个可对比的商业模式。商业模式研究成果可以揭露出，前一个商业模式是后一个商业模式的基础；后一个商业模式是为了利用新变化产生的机会，以及利用前一个商业模式创造的机会条件，转型升级的商业模式。转型升级商业模式是适应环境变化的战略，它可以加快达到生存期实现盈利的阶段目标，加快创业成功与实现高成长。（4）在本章第三节中，为了研究创业过程中动态能力的产生和作用机理，本书将动态能力分为长期动态能力与短期动态能力。如果创业团队组织有长期动态能力，就能穿越多个阶段，通过达到每一个阶段的目标，累积实现创业成功与高成长。但是只要创业团队在某一个阶段达不到阶段目标，就可能导致创业失败或产生危机，也不能实现高成长。因此如果创业团队没有这个阶段的短期动态能力，也就没有实现长期动态能力，长期动态能力是每个阶段的短期动态能力累积构成的，研究两个相邻阶段之间的短期动态能力更为关键。短期动态能力的分析单元是相邻的两个阶段。当创业团队没有下一个阶段需要的能力，如何建立下一个阶段需要的能力，能达到下一个阶段目标，就是建立短期动态能力。因为创业过程可以分为许多相邻的阶段，存在很多分析单元，因此在整个创业过程中存在很多次短期动态能力的分析子案例。短期动态能力研究能够产生如何建立短期动态能力的理论。

二、案例故事：机会、商业模式与产品、创业阶段、资源转化、动态能力

按以下顺序叙述中国黄页、阿里巴巴、携程网、大疆创新、威鹏这5个创业案例故事，就是用选择的关键资料与证据描述发展过程。因为这是已经分析得出了结果的，因此故事描述采取夹叙夹议的形式，分阶段描述案例故事。研究的视角包含创业机会、创业阶段、商业模式、阶段战略活动、资源转化、阶段动态能力建立。创业过程可以分为三种阶段。第一种是线性成长的创业阶段，包含决策期、孕育期、生存期、成长早期。第二种是按照发现机会形成的商业模式划分出不同的商业模式大阶段。有些案例新企业在生存期达到盈利前要经过几个商业模式的大阶段，因此生存期包含几个商业模式的大阶段，例如威鹏案例。在一个商业模式的大阶段中，包含类似线性成长创业阶段的细分阶段：发现机会决策、取得人才、融资取得资金、研发出新商业模式的运营系统，产品服务上市销售，渗透市场，产生收入和财务报酬。第三种是资源转化的小阶段，它们被包含在线性成长的创业阶段中，以及商业模式的大阶段中。为了更清晰地呈现创业过程中的阶段，在每个案例故事叙述的前面，图示出根据案例故事划分出第几个商业模式的大阶段，以及在某个商业模式大阶段中包含的细分阶段。接着描述创业者利用新兴产业早期机会形成的商业模式，成为第一或早期进入者。案例故事是根据理论分析资料后划分出阶段描述的，对每个小

段都进行了顺序编号。在每个小段前面用粗体字说明案例分析结果，就是用粗体字小标题说明用从不同视角建立的新理论解释这一小段现象。小标题为"A. 创业阶段、B. 阶段战略活动、C. 商业模式大阶段、D. 资源转化、E. 短期动态能力建立、F. 内部条件外部环境变化"。接着用细体字描述这一小段的案例故事。

（一）中国黄页故事

中国黄页案例发展过程的阶段（如图 4-1 所示），下面描述各阶段。

第一个商业模式阶段：与美国公司合作，销售互联网广告接近盈利，垂直整合

| 决策期：发现机会、形成商业模式产品服务 | 孕育期、生存期：建立 3 人团队，成立企业。与美国互联网公司合作，对外贸企业销售定制网页版广告并在互联网上展示，接近盈利。 | 生存期，取得人才垂直整合：取得技术人才李琪，自营网站，终止与美国公司合作。 |

第二阶段大资本竞争者进入，中国黄页资本小，承受不了低价竞争，选择被合并

| 生存期、没有融资：没有股权融资。 | 生存期：国企大资本竞争者进入，低价竞争。中国黄页小资本承受不了，财务危机。 | 合并期：马云被迫选择与竞争企业合并，失去控制权与决策权，最后分裂，终止创业。 |

图 4-1　中国黄页创业阶段

进入产业的排名：1995 年 4 月马云创立的中国黄页是中国互联网新兴产业的第一进入者，是在中国互联网产业萌芽浮现的极早期进入创业的，与美国的互联网企业的创业时间相比，没有落后很多。1995 年 4 月中国与美国互联网还没开通，还没有任何一家中国互联网公司。1995 年 7 月上海才开通了互联网，客户才能看到网站和网页。中国网民人数从零开始，逐年数倍增加。从 1993 年开始，美国已经有 AOL（1991）、Yahoo（1994）、Amazon（1995）等许多互联网公司创立。

1. 中国黄页第一个商业模式大阶段及细分阶段

（1）A. 创业阶段：决策期。B. 阶段战略活动：1995 年 4 月，发现机会，构想出商业模式与产品服务。马云发现中国黄页创业机会时，因为当时中国与美国还没有连通互联网，创业者没有新兴产业技术开发与运营能力，建构的商业模式是采取聚焦 + 合作联盟的方式。由美国互联网公司运营中国黄页网站，建立新企业商业模式需要的技术能力。E. 短期动态能力建立：与美国互联网公司建立合作联盟关系，为下一个阶段建立新企业的商业模式建立需要的技术能力。决定创业。

1995 年 4 月马云在美国西雅图的一个互联网小公司——VBN 公司发现了互联网创业机会，他当机立断决定创业。之后他与对方谈好了收入分配、产品定价的合作方案。他想到并且在后来做出来了一个互联网公司的商业模式和产品服务。马云在杭州成立浙江海博网络技术股份有限公司，与美国西雅图的 VBN 互联网公司建立合作关系，用该企业的服务器运营中国黄页网站。马云等人向浙江杭州的中国外贸企业客户销售用中文稿定制的英文版网页广告并且在互联网上进行展示的服务，收费 20 000 元。他们把中国外贸企业的 2 000 个中文版主页广告和照片收集起来，利用海博翻译社翻译成英文稿，再用 EMS 寄到美国西雅图。美国伙伴将英文稿制作成企业的英文版主页并上传到服务器，放到中国黄页网站上去。然后用彩色喷墨打印机把主页打印出来，用 UPS 寄回杭州。马云他们拿着打印件去向企业收钱时，会把主页的网址和美国的电话号码给企业查询。如果有，就收钱。每个主页收费的价格是 2 万元，美国公司分 60%，海博网络公司分 40%。

（2）A. 创业阶段：孕育期（建立期）。B. 阶段战略活动：

美国西雅图的 VBN 互联网小公司已经在孕育期研发出了英文网页广告原型和互联网展示服务原型，因此中国黄页没有孕育期。马云在 1995 年 4 月取得人才何一兵，建立 3 人初始创业团队。E. 短期动态能力建立：取得人才建立团队，建立能力。投财务资源，投资 10 万人民币，创立中国黄页公司。D. 资源转化：用人力资源、财务资源转化为实体资源。

马云从美国回到杭州的当晚就召集要好的 24 位朋友开会，鼓动他们与自己一起创业。会议结果为 23 人反对，只有何一兵一人同意。何一兵是杭州电子工业学院的教师，是马云的大学同学，学习自动化专业，搞过芯片设计，还会编程。1995 年 4 月，马云与妻子张英、何一兵建立了 3 人创业团队，投资 10 万元人民币，创立了浙江海博网络技术股份有限公司，就是中国黄页。马云任总经理，何一兵任副总经理，他们二人是负责跑业务，张英负责寄邮件。公司租了一间民房做办公室，里面只有一台马云从美国带回来的 386 电脑和电话。

（3）A. 创业阶段：生存期。B. 阶段战略活动：1995 年 5 月到 1996 年 3 月。中国黄页销售渗透市场，销售量与收入持续增长，接近盈亏平衡。D. 资源转化：人力资源、实体资源转化为、客户资源、财务资源。B. 阶段战略活动（不良的）：1995 年 10 月到 1996 年 2 月没有利用好这段战略缓冲与准备期，融资，取得人才垂直整合，研发实现产品服务差异化。

中国黄页向中国外贸企业销售用中文稿定制互联网英文版主页广告，与在互联网上的中国黄页网站展示的服务，定价为 2 万元人民币一个。从 1995 年 5 月到 8 月，销售困难，但是有少量销量。8 月杭州开通了互联网，之后销售量有所增长，付费企业顾客增加。从 1995 年 5 月到年底，中国黄页销售收入达到

100 万，接近盈亏平衡。

（4）A.创业阶段：生存期。D.资源转化：1996 年 1 月通过聘请懂电脑和互联网技术的人才（李琪）加入团队，用财务资源取得人力资源。E.短期动态能力建立：取得人才更新团队，建立下一个阶段垂直整合战略需要的能力。C.商业模式大阶段：1996 年 3 月中国黄页改变为网站开发与运营内部化，实现垂直整合独立经营，并且终止了与美国公司的合作关系。

1996 年 1 月广州中山大学计算机系毕业的李琪进入公司，使中国黄页从 1996 年 3 月起能够自己运营网站并自制网页，实现价值活动的垂直整合。从此以后中国黄页与美国公司终止了合作关系，不再依赖美国的 VBN 公司，不用再付高额的费用。

2. 大资本竞争者低价竞争，被迫合并大阶段及细分阶段

（1）A.创业阶段：生存期。D.资源转化（不良的）：D1 没有融资成功。1996 年 3 月中国黄页没有用股权融资成功，没有用实体资源和客户资源转化成财务资源。D2 太晚取得互联网技术人才，没有用人力资源转化成实体资源，没有研发出升级的商业模式与差异化的产品服务。E.短期动态能力建立（不良的）：没有资金、人才与差异化产品，没有应对同质化低价竞争的能力。B.阶段战略活动：中国黄页的小资本应付不了同质化的低价竞争，马云选择被大资本的国企互联网竞争公司购并。对方是大股东，拥有对马云决策的否决权，马云失去了控制权。

1996 年 1 月起竞争者持续进入，国企投资 3 亿元人民币成立的互联网公司"西湖网联"进入市场，这个同城的竞争者进入后采取低价竞争。因为主页制作的技术含量很低、容易被模仿，使中国黄页陷入了同质化价格竞争。价格降到 5 000 元一个主页，顾客被瓜分，中国黄页陷入现金流危机。1996 年 3 月因为中国

黄页没有用股权融资成功，没有大资本支持，跨不过价格竞争战的障碍，因此马云选择与国企互联网公司合并。按照中国黄页60万元人民币估值占30%的股份，竞争者西湖网联出资140万元现金占70%股份的条件，合并为合资的新的中国黄页。两个公司的人员合并，马云任总经理，对方是大股东，有否决权。

（2）1996年3月到1997年年底，经营合资的中国黄页在合资公司中，马云的许多决策被大股东否决。到1997年年底马云与大股东分裂，退出了合资的中国黄页，终止了第一次创业。

（3）1997年年底，马云带部分团队成员去北京对外经济贸易部，成为一个政府网站建设的施工团队。

1997年年底，北京外经贸部所属的中国国际电子商务中心（EDI）重金邀请马云的团队承做政府的网站，让马云出任该中心信息部总经理。所谓重金是指马云的北京团队的人每月能拿到上万元的工资，这在当时已经很高了。马云的团队在北京的一年多里，成功推出了网上中国商品交易市场、网上中国技术出口交易会、中国招商、网上广交会和中国外经贸等一系列站点。北京的二次创业似乎是成功的。新公司和新网站的发展势头不错，工资很高，团队很团结，大家很开心。但是马云不开心，他心里清楚：自己不过就是一个做网站的高级打工仔。到1998年年底，网络大潮席卷全球，中国也第一次出现了网络热。五花八门的网站如雨后春笋般涌现，新浪、搜狐、网易一路高歌猛进。曾是中国网络第一人的马云，起了个大早赶了个晚集，马云怎能不心急如焚。

（二）阿里巴巴的故事

阿里巴巴案例发展过程的阶段（如图4-2所示），下面描述各阶段。

进入细分产业的排名：1999 年 1 月马云团队创立的阿里巴巴是中国互联网产业的成长早期创业的，是中国互联网 B2B 电子商务新兴细分产业萌芽浮现极早期的第一进入者，也是世界第一进入者，当时没有直接竞争者。1999 年年中，中国互联网产业处于成长早期，经过 4 年的建设，网络基础结构已经较为完善。当时中国网民数大约 500 万人，每年以两倍的速度增长。

1. 阿里巴巴第一个商业模式大阶段及细分阶段

（1）A. 创业阶段：（马云的二次创业）阿里巴巴决策期。B. 阶段战略活动：1998 年年底，马云发现机会，建构 B2B 商业模式与产品服务，决定带领团队从外经贸部辞职，回杭州进行第二次互联网创业。马云的团队在北京做的互联网上的中国商品交易市场是收费的。收费的办法是外经贸部在各地建立代表处，然后代表处把当地中小型企业放在网上。因为中国商品交易市场是互联网，因而企业付费上网很踊跃，网站很快就盈利了。从中国商品交易市场网站的成功，马云看到了新的机会，马云想出了开发 B2B 商业模式的网站。网站用户要注册后登录，它主要服务中小型企业的客户，只对买卖双方提供免费的交易前的商业信息交流。让商人在网站内搜索找到对方，线上交流信息，线下完成交易，为双方创造价值。网站主要不服务大型企业，不做交易中付款和交易后的送货服务，不提供商业信息之外的政治、财经、娱乐、新闻等信息。

| 决策期：发现机会、构想 B2B 商业模式 | 孕育期：原有团队开发网站，用户增加，有商业化盈利潜力 | 生存期：取得高级财务人才蔡崇信，建立融资能力。两次融资成功，到 2000 年 1 月获 2 500 万美元。 |

生存期：过早进入成长早期，国际扩张产生危机，取得人才升级系统。

| 生存期：过早进入成长早期：没有盈利模式，就国际化扩张外国市场，人员与费用增加。 | 生存期：取得高级技术人才吴炯，升级系统。 | 生存期、危机期：扩张导致财务危机。2000 年年底剩 700 万美元。 |

危机期重整救亡，回到生存期，第二个商业模式找出盈利模式，取得人才，重新聚焦。

| 生存期危机期：探索尝试 7 种产品，才找出可盈利产品。 | 取得人才：取得高级管理人才关明生，为下一阶段重整救亡建立能力 | 重导向决策期：从成长早期退回到生存期。战略撤站裁员收缩节流，聚焦销售可盈利产品开源。 |

生存期第二个商业模式销售渗透市场，达到阶段目标，跨过盈亏平衡点。

| 取得人才：取得高级营销人才李旭辉，为下一阶段销售建立能力。 | 销售渗透市场期：聚焦销售可盈利产品，早期渗透浙江和广东市场。生存期达到阶段目标，跨过盈亏平衡点，实现盈利。 | 进入成长早期：盈利成长 |

图 4 - 2 阿里巴巴创业阶段

（2）A. 创业阶段：孕育期（建立期）。B. 阶段战略活动：1999 年 1 月由原班团队进行创业，研发商业模式与产品服务原型，3 月阿里巴巴网站上线。1999 年 1 月马云带着北京外经贸部的原班团队，投资 50 万元人民币，创立阿里巴巴。经过 3 个月的研发，1999 年 3 月 10 日阿里巴巴网站上线，从零信息、零会员起步。

（3）A. 创业阶段：生存期。B. 阶段战略活动：5 月达到了孕育期阶段目标，会员数增加，人气旺盛，有商业化盈利潜力。D. 资源转化：用人力资源、财务资源、实体资源转化成为用户资源。F. 内部条件外部环境变化：经过半年，阿里巴巴的初始资金已经用完了，下一阶段急需融资。但是创业者和团队缺乏高溢价股权融资能力。网站上线后形成了高人气。1999 年 5 月 1 日，阿里巴巴中英文网站注册会员均突破 1 万名，会员总数超过 2 万人。7 月 9 日，阿里巴巴会员达到 3.8 万名。1999 年 9 月 9 日，阿里巴巴会员突破 8 万名，库存买卖信息 20 万，每天新增信息 800 条。半年后的 7 月，50 万原始资金要用完了，下一阶段急需要融资。但是马云谈了 30 多家投资商都没有谈成，显示出马云个人和团队缺乏高溢价股权融资能力。

（4）A. 创业阶段：生存期。D. 资源转化：融资前取得高级人才：团队没有财务融资人才。用企业的商业化盈利潜力与分享股份，取得高级财务人才蔡崇信加入团队，担任财务长。以实体资源和用户资源转化为高级人力资源。E. 短期动态能力建立：为下一阶段融资建立能力。1999 年 5 月蔡崇信接触考察阿里巴巴，7 月通过阿里巴巴商业化盈利潜力与分享股份，以及马云的个人魅力，马云聘请了高级财务人才蔡崇信担任财务长。蔡崇信是瑞典 AB 风投公司的亚洲区总裁，一年的收入达 70 万美元，马云的团队出让了相当于马云股份三分之一的股份给蔡崇信。蔡崇信加入团队为下一阶段融资建立了能力。

（5）A. 创业阶段：生存期。B. 阶段战略活动：融资，1999 年 10 月和 2000 年 1 月蔡崇信帮助马云执行了两轮高溢价股权融资并取得成功，取得了 2 500 美元。D. 资源转化：将实体资源和用户资源转化生成新财务资源。E. 短期动态能力建立：为后续发展和下一阶段取得人才提供了财务资源。在 1999 年 10 月，阿里巴巴 A 轮融资，获得高盛（GoldmanSachs）、汇亚（Transpac）、新加坡科技发展基金（SingaporeTDF）、瑞典 AB 和美国富达（Fidelity）5 家公司的 500 万美元的投资，占股 40%（原始资本溢价 100 多倍）。2000 年 1 月 B 轮融资，获得软银 2 000 万美元投资，占股 20%（原始资本溢价 600 倍）。

（6）A. 创业阶段：生存期。B. 阶段战略活动（错误危险的）：与实际阶段目标方向不适配的执行错误策略的阶段：企业在生存期，其阶段战略是发展出商业模式的盈利模式和可盈利产品的实体资源，销售渗透市场，阶段战略目标应为跨过盈亏平衡点与实现盈利，将实体资源转化成客户资源和财务资源。但是实际执行的战略却跳过生存期，过早进入成长早期阶段，开始在国际、国内扩张成长。由此产生了执行战略与实际阶段的战略不配合的错误。2000 年 2 月到 12 月，阿里巴巴提供免费服务，但是还没有盈利模式和可盈利产品，处于生存期。2000 年 2 月，阿里巴巴在没有达到生存期阶段目标之前，还没有跨过盈亏平衡点与实现盈利，战略就提早跨入成长早期阶段，提早大肆进行国际化扩张。F. 内部条件外部环境变化：企业在 8 个月内成立了 7 个外国分公司与国内办事处，高薪增聘了许多外国高管，人员扩增到 300 多人。在国际扩张过程中也在探索盈利模式和可盈利产品。企业开发尝试了 6 种产品，但是都不能盈利。F. 内部条件外部环境变化：到 2000 年年底已经有超过 100 万使用阿里巴巴免费服务的会员用户，创业团队判断这群用户中存在需要更高程度增值服务的愿意付费客户。C. 商业模式大阶段：决策期，直到 2000 年 10 月阿里巴巴才开发出 "中国供应商" 的可盈利产品，才找到盈利模式。F. 内部条件外部环境变化：因为没有盈利模式和可盈利产品，公司持续烧钱，导致财务危机。这个阶段符合观点：新企业只有度过了持久盈利门槛关键节点（Vohora et al.，2004），达到了生存期跨过盈亏平衡点的阶段目标（朱沛，2015），才能进入下一个成长早期阶段，否则就会遭遇失败危机。2000 年 2 月，阿里巴巴仍在提供免费服务，此时马云决定阿里巴巴要走国际路线，要到发达国家去，与国际互联网企业竞争。2000 年 2 月后，阿里巴巴成立了香港分公司、上海办事处、美国硅谷分公司、北京办事处、韩国分公司、昆明办事处、英国分公司，日本和台湾分公司也在筹备中。公司高薪聘任许多国际高管。在扩张期间，阿里巴巴持续开发了很多产品，探索这些产品能否盈利。产品包含网上广告、会员收费、酒店订房、主机托管、系统集成、个性化网站，但是这些产品都不能盈利。直到 2000 年 10 月，阿里巴巴才开发出 "中国供应商" 的可盈利产品，才找到盈利模式和可盈利产品。中国供应商产品有三个增值服务内容：一是用阿里巴巴的专家为客户产品和企业制作静态和动态的展示页面。二是把中国供应商会员的产品放在阿里巴巴网站类目首页。三是为中国客户提供培训，帮助其应对外商。中国供应商的全面启动是在 2000 年 10 月以后。最初定价 1.8 万元，很快改为 2.5 万元，后来调到 4 万 ~ 20 万元。到 2000 年年底，阿里巴巴会员数已经超过了 100 万。2000 年 9 月，因为没有盈利模式和可盈利产品，国际扩张持续烧钱，导致财务危机，马云宣布进入紧急状态。到 2000 年年底账上资金只剩 700 万美元，只能用半年，进入危机状态。

（7）A. 创业阶段：生存期。B. 阶段战略活动：技术升级阶段，2000 年 5 月，团队没有高级技术人才，用财务资源和分享股份聘请高级技术人才吴炯。D. 资源转化：将财务资源转化成人力资源。E. 短期动态能力建立：为下一阶段商业模式升级建立能力，执行网站系统技术升级。2000 年 5 月，马云挖来了雅虎的搜索器之王——吴炯，担任阿里巴巴的技术长。

2. 第二个商业模式大阶段及细分阶段

（1）A. 创业阶段：生存期。第二个商业模式的决策期、孕育期阶段。F. 内部条件外部环境变化：团队没有下一个阶段需要的高级经营管理人才，没有重整救亡扭亏为盈的能力。E. 短期动态能力建立：聘请高级管理人才，面对危机马云分享股份取得高层经营管理人才关明生担任运营长，为下一阶段重整救亡扭亏为盈建立能力。D. 资源转化：以财务资源转化成人力资源。

2001 年 1 月面对阿里巴巴危机，马云分享股份聘请高级经营人才，聘任关明生担任运营长，执行重整救亡任务。关明生有 16 年美国通用电气（GE）公司高层的宝贵管理经验。

（2）A. 创业阶段：生存期。第二个商业模式的决策期、孕育期阶段。B. 阶段战略活动：正确地选择退回生存期阶段。关明生将阿里巴巴从成长早期的扩张阶段（实际执行扩张战略），拉回到生存期阶段（成为阶段应该执行的追求盈利战略）。B. 阶段战略活动：战略重新导向，执行撤站裁员收缩节流（结束与阶段不适配的错误执行战略）。发现新机会，找出盈利模式和可盈利产品，聚焦销售可盈利产品开源（聚焦到该阶段应正确执行的战略），朝向实现盈利的生存期阶段目标。D. 资源转化：用人力资源、财务资源将实体资源转化成顾客资源和财务资源。2001 年一整年，关明生同时实施两手战略。一方面优先实施撤站裁员的收缩节流战略，只保留了杭州总公司、香港分公司、硅谷分公司，其他的分公司和办事处全部撤掉。另一方面实施建立盈利模式、重新导向，聚焦到销售"中国供应商"的付费增值服务的可盈利产品，6 月再推出"诚信通"的可盈利产品。优先渗透浙江省和广东省细分市场的开源战略，再扩大到其他省份市场，朝向实现盈利的目标。

（3）A. 创业阶段：生存期。第二个商业模式生存期阶段。B. 阶段战略活动：销售可盈利产品，渗透市场阶段。F. 内部条件外部环境变化：团队没有高级销售人才。E. 短期动态能力建立：聘请高级销售人才李旭辉，为下一个阶段销售渗透市场建立了能力。D. 资源转化：实现财务资源转化为人力资源。D. 资源转化：李旭辉指挥销售，渗透市场，达到生存期阶段目标，跨过盈亏平衡点与实现盈利。实现用人力资源、实体资源转化成顾客资源和财务资源。2000 年年底马云聘请销售人才李旭辉，为 2001 年 1 月到 2002 年的下一阶段销售产品与渗透市场建立能力。李旭辉来自台湾，是做销售出身的。原来挖他来是为了开拓台湾市场，后来被任命在大陆参与指挥销售之战，职务是中国供应商副总裁。销售大战初期，李旭辉负责华东地区，后来负责全国。2002 年 10 月阿里巴巴达到生存期阶段目标，跨过盈亏平衡点，实现盈利。

（4）A. 创业阶段：成长早期阶段，2003 年后进入持久报酬阶段和成长早期阶段，之后持续盈利性高成长。

（三）携程网故事

携程网案例发展过程的阶段（如图 4-3 所示），下面描述各阶段。

进入细分产业的排名：1999 年 4 月，梁建章、季琦、沈南鹏、范敏四人创立携程网，是中国旅游网站产业第三进入者。携程网是中国互联网旅游服务电商网站新兴产业的第三进入者，是在产业的成长早期进入的，当时竞争者还没有发展出盈利模式。1997 年 6 月武汉联合信息网络有限公司创立了中国旅游信息网。1997 年 9 月由中国国际旅行社总社、广东新太信息产业有限公司、华达康投资控股有限公司共同投资创立了华夏旅游网。到 1999 年年底，这两个竞争者还没有发展出盈利模式。1999 年 5 月，唐越凭借 100 万美元种子基金成立了艺龙公司，10 月 Elong.com 网站正式发布。1999 年中，中国互联网产业处于成长早期，当时中国网民数大约为 500 万人，每年以两倍的速度增加。

1. 携程网第一个商业模式大阶段及细分阶段

（1）A. 创业阶段：决策期。B. 阶段战略活动：发现机会，1999 年 4 月到 5 月是创业决策期，创业发起人梁建章和季琦，发现了旅游信息网的创业机会。1999 年 4 月他们受到美国互联网新企业在纳斯达克上市和创造了财富明星的热潮影响，梁建章和季琦商量也创立一个网站。思考和否决了网上书店、招聘网、出售装修材料的网上宜家的点子后，最后他们选择了做旅游网站。

第一个商业模式：建立旅游信息服务网站，建立 4 人完整团队，融资成功

| 决策期：发现机会、商业模式旅游信息服务网，没有盈利模式。 | 孕育期：取得人才建立 4 人完整团队，为后面阶段的网站建设、融资、运营改善建立能力。开发上线旅游信息服务网站，有商业化潜力。 | 生存期、融资：A、B 两轮融资成功取得 500 万美元。 |

第二个商业模式：转型到用旅游网和电话订房中心提供酒店订房服务，赚取价差

| 生存期、第二模式决策期：探索盈利模式，找出酒店订房服务的盈利模式和可盈利产品，赚取价差。 | 生存期、第二模式孕育期：取得人才、自建与购并建立新事业：取得高级人才吴海与团队，为下阶段建立电话订房中心建立能力。自己建立电话订房中心，购并竞争的电话订房中心，提高垄断力。 | 生存期、融资：C 轮股权融资 800 万美元。 |

第二个商业模式：持续改善，达到生存期阶段目标，盈利。之后进入成长早期

| 生存期：持续改善酒店订房的运营效率。达到生存期阶段目标，跨过盈亏平衡点，实现盈利。 | 进入成长早期：扩张市场，盈利性成长。 |

图 4-3　携程网创业阶段

（2）A. 创业阶段：孕育期（建立期）。B. 阶段战略活动：聘请高级职能互补人才，建立完整团队，建立企业，研发商业模式与产品服务。1999 年 4 月决定创业后，梁建章和季琦吸引了风险投资人才沈南鹏和旅游企业经理范敏组成创业团队。E. 短期动态能力建立：季琦是连续创业者，有创业能力。梁建章是美国甲骨文中国区咨询总监，为网站建设建立了能力，也为未来生存期改善运营建立了能力。沈南鹏为下一个阶段融资建立了能力，范敏为旅游网站发展建立了能力。1999 年 6 月团队成员投资 100 万元人民币，创建携程网。D. 资源转化：1999 年 5 月到 1999 年 10 月，携程网研发商业模式与产品服务原型，将人力资源、财务资源转化成实体资源。达到了孕育期阶段目标，上线服务增加用户，创造出新企业商业化盈利潜力。用人力资源、财务资源、实体资源转化成用户资源。F. 内部条件外部环境变化：经过半年携程的初始资金已经要用完了，下一阶段急需融资。梁建章是美国甲骨文公司 ERP 中国区销售咨询总监。季琦是一位连续创业者，已经有第二次创业经验，创立了协成企业。为了增强团队和得到较多资金，他们吸引了德意志摩根建富投资银行部的沈南鹏加入。为了取得有旅游业经验的人才，他们吸引了担任过上海旅行社和大陆饭店总经理的范敏，组成 4 人创业团队。6 月团队成员投资 100 万元人民币，创建携程旅游服务网站。1999 年 6 月到 1999 年 10 月，开发旅游门户网，提供免费旅游信息，也提供酒店和机票预订。1999 年 10 月 28 日携程旅游网上线，它是为旅游者、旅行团体提供在线旅游服务、旅游产品介绍的旅游门户网站。它提供自然和人文景观，旅游过程所需要的旅行社、酒店、餐饮、娱乐、购物、交通等综合信息。它展开广泛的合作，提供网上订票、订房、订团、订餐等服务。携程的商业模式是旅游信息+旅游电子商务，这也是当时盛行着门户网逻辑的所有中国旅游网站的商业模式，因为受美国旅游网站成功案例的影响，美国的 Lonelyplanet.com 提供世界各地的旅游信息。Travelcity.com 是综合旅游网，涵盖了与旅游有关的一切，包含订机票和酒店住房。携程最早期以提供免费旅游信息为主，但是费用很大难以盈利。

（3）A. 创业阶段：生存期。B. 阶段战略活动：融资成功，1999 年 10 月到 12 月，经过 A、B 两轮融资，成功取得 500 万美元，达到融资阶段目标。D. 资源转化：用实体资源、用户资源转化成财务资源。10 月在初始资金用完时，A 轮融资获得了 IDG 风投公司的 50 万美元，占 20% 股份（原始资本溢价 14 倍）。10 月 28 日，携程旅行网正式上线。12 月 B 轮融资获得软银等公司 450 万美元的投资，取得不超过 30% 的股权（原始资本溢价 60 倍）。

2. 携程网第二个商业模式大阶段及细分阶段

（1）A. 创业阶段：生存期。C. 商业模式大阶段：商业模式转型阶段。F. 内部条件外部环境变化：那时候外出旅客需要在目的地城市订酒店房间，会利用电话订房中心的订房服务。互联网订房才将要投放市场。B. 阶段战略活动：探索盈利模式和可盈利产品，找出酒店订房服务的商业模式的盈利模式和可盈利产品转型方向，也是重新导向的过程。2000 年 1 月到 2002 年，将主要业务转型扩大到酒店订房方向。F. 内部条件外部环境变化：团队中没有电话订房方面的人才。E. 短期动态能力建立：通过取得电话订房中心高级经营人才吴海和整个团队，为下一个阶段自建电话订房中心建立了能力。D. 资源转化：用财务资源、用户资源转化成人力资源。之后自建电话订房中心，用财务资源转化成实体资源。E. 短期动态能力建立：之后携程网公司购并现有的电话订房中心——现代运通公司,用财务资源转化成实体资源和客户资源,为下一个阶段加强电话订房中心建立了能力。创业后携程一直在寻找一个可能赚钱的业务,订酒店、卖门票等,在几番尝试之后,携程逐渐发现,酒店订房是一个便于操作,也具有发展前景的业务。2000年1月携程上线了网上订房平台。携程团队在与商之行电话订房中心的吴海接触时,商之行每个月有3万多间夜,携程的网上订房服务每个月只有900间夜。3月挖角取得商之行电话订房中心的负责人吴海和他的团队,任命吴海担任高级副总裁,负责市场销售、事业发展、在线推广。吴海的团队在这之后建立携程的电话订房中心;9月购并现代运通电话订房中心公司,增加了客户数量,扩大了规模,提高了市场份额和垄断力。携程转型为以网上酒店定房服务和传统订房中心的电话订房服务为主的盈利模式,赚取中间的价差。

(2)A.创业阶段:生存期。D.资源转化:融资。2000年10月,C轮融资成功,将实体资源与客户资源转化成财务资源。获得凯雷公司800万美元的投资,占30%股份。

(3)A.创业阶段:生存期。B.阶段战略活动:持续改善运营。D.资源转化:达到生存期实现盈利的阶段目标,将实体资源与客户资源转化成财务资源。在2001年,持续改善订房运营效率,到2002年2月公司开始盈利,跨过盈亏平衡点,达到生存期阶段目标。

(4)A.创业阶段:成长早期。之后携程网持续高成长。从2002年5月开始,增加机票预订。成为全方位旅游服务公司。2003年在纳斯达克上市。

(四)大疆创新故事

大疆创新案例发展过程的阶段如图4-4所示,下面描述各阶段。

第一个产品原型阶段：研发无人直升机自动悬停的产品原型，进入生存期没有盈利

| 决策期：发现机会、商业模式、产品服务。 | 孕育期：团队建立、研发产品原型、达到阶段目标。取得人才，建立初始团队。开发无人直升机自动悬停功能，最少功能产品原型销售成功，有商业化潜力。 |

第二个成熟产品阶段：研发销售第一代无人机飞控系统和航拍影像传输系统与整机产品

| 生存期：研发升级的第一代产品和航拍影像系统。收入和盈利不稳定，资金短缺。 | 生存期、融资：向朋友股权融资成功。 | 生存期：研发了成熟产品，第一代飞控系统和航拍无人机。达到生存期阶段目标，实现盈利性成长。 |

成长早期，研发销售互补云台产品。研发销售四旋翼无人机。

| 成长早期：发现机会、研发销售互补产品航拍云台。 | 成长期：发现转型机会、研发电池动力四旋翼航拍无人机。 | 高成长期：精灵四旋翼航拍无人机产品上市销售，实现盈利性高成长。 |

图4-4　大疆创新创业阶段

进入产业的排名：2006年1月汪涛创立的大疆创新是消费级遥控无人直升机产业技术改变期中国第一进入者与世界第一进入者。大疆创新是卫星定位技术出现后自动航行的民用消费级无人直升机新兴产业的中国第一进入者，是在中国新兴产业极早期进入的，也是在遥控直升机传统产业的技术改变期创业的。中国的遥控直升机厂商，都是一些玩具厂，包括广东美嘉欣玩具公司、广东澄星航模科技股份有限公司等。从2000年到2005年，美国军方已经成功研发并测试了MQ-8B无人武装直升机，它可以利用全球定位系统按照规划航线自动航行与悬停。从2001年到2006年，日本雅马哈公司一共向中国出口了9架RMAXL181型无人直升机，后来禁止出口。该机载重20公斤，配有稳定的飞行控制系统，完整的GPS全球定位系统，行程记忆系统。

1. 大疆创新第一个产品大阶段及细分阶段

（1）A. 创业阶段：决策期。B. 阶段战略活动：2005 年，发现机会，决定研发直升机在空中的自动悬停功能。2005 年，汪滔在香港科技大学开始准备毕业课题，他决定在遥控直升机的飞行控制系统中研发直升机在空中的自动悬停功能。当时遥控直升机产业已经垂直分工了，许多专业厂商分别做飞控系统、螺旋桨、发动机、支架等零组件。当时消费级遥控直升机飞行控制系统可谓是小众市场中的小众市场，在中国、英国、德国、美国，都有几人规模的小公司在做。全球卫星定位系统的空间位置测量，电子指南针的方向角测量等技术已经发展起来了。香港科技大学里的自动化技术中心有机器人和遥控直升机飞控系统的原始程序码。汪滔通过航模爱好者网站了解到，美国军方和日本雅马哈公司已经研发出了利用全球定位系统自动航行与悬停的无人直升机，中国还没有。因此汪滔想研制自动悬停的飞控系统，解决摔机问题。汪涛说："通过惯性测量单元 IU、测加速度和角速度的传感器、GPS 和电子指南针，取得飞机的姿态角和速度的准确数据，根据数据控制飞机舵机的反馈运动，使飞机可以自动悬停在空中。"学校批准了此项目，给了他们 18 000 元港币的课题经费。未来可以再持续发展产品成为无人飞机。商业模式是未来进一步可以研制出自动航行的更好的无人飞机产品，通过直接销售飞控系统，或者销售组装好的直升机给航模爱好者来获取利润。

（2）A. 创业阶段：孕育期（建立期）。B. 阶段战略活动：建立团队，研发新产品的原型，建立企业。2005 到 2006 年，孕育期达到阶段目标，研发出最少功能产品原型，有商业化潜力。创立企业。D. 资源转化：用人力资源和财务资源转化生成实体资源和用户资源。

在半年后的展示阶段，汪涛研发的自动悬停功能失败了，最后毕业课题得了一个很差的分数C。但是他的努力并没有白费，机器人学教授李泽湘注意到了汪滔的团队领导能力以及技术理解能力，他把这位固执的学生录取为研究生。面对失败汪滔不气馁，他两个月没有去学校，一个人待在深圳没日没夜地干，终于在2006年1月做出第一台样品。后来汪涛拍了一个直升机在空中自动悬停的视频，上传到航模爱好者网站。有人看到视频后觉得这架直升机不错，要用5万元买它，汪涛就卖了。它的成本是5 000元。2006年，汪滔在香港科技大学攻读研究生课程。在这期间他和一起做毕业课题的两位同学到深圳的一间民房里创立了大疆创新公司。汪涛创业后，导师李哲湘教授时常为大疆创新提供技术支持和指导。李哲湘教授之前已经创建了香港科技大学的自动化技术中心。

（3）A.创业阶段：生存期。D.资源转化：融资。2006年年底，融资成功，用实体资源和用户资源转化成财务资源。

无人机产业的早期阶段是门槛高却没有太多市场的蓝海领域，做好了是个巨大的机会，做不好就是个巨大的坟墓。汪滔选择了技术研发这条最难走的路，也因此几度陷入困境。创业初期大疆面临的问题是人才和资金短缺。每个月只能销售大约20台飞行控制系统。但是销售和收入不稳定，最艰难的时候，账上只有2万元的现金。汪滔面临两个选择，要么就此收手，要么勉力维持。汪涛想赌一赌，试着出售最后一批设备。幸运的是，东西卖出去了，大疆在短期内存活了下来。2006年年底，汪涛家族的世交陆迪向大疆投资了9万美元（原始资本溢价25倍），陆迪开始负责管理大疆的财务。

2. 大疆创新第二个升级产品大阶段及细分阶段

（1）A. 创业阶段：生存期。B. 阶段战略活动：2007年年初到2008年年底。大疆一边上市销售，一边研发改善产品。D. 资源转化：2008年上半年，大疆推出了第一代成熟的飞控系统和航拍无人机。用人力资源和财务资源生成实体资源、客户资源。D. 资源转化：到2008年年底销售渗透市场，达到生存期阶段目标，跨过盈亏平衡点，实现盈利。用实体资源生成客户资源财务资源。2007年年初到2008年上半年，研发制造了遥控直升机第一代成熟的飞控系统XP3.1，具有按照导航的指定路线自动航行功能和图像传输功能。这个专业产品有很好的市场需求和不错的利润率，一台航拍直升机单品可以卖到20万元，钱很好赚。2008年5月四川汶川地震后3天，汪滔带着一架安装第一代飞控系统的航拍直升机到灾区执行任务。该机连接全球定位系统，可按预定航线自动导航飞行。它加满几十元的燃料，可负荷5公斤重的摄影录像机，两小时飞行140公里。在9日内，它航行至都江堰等12个重灾区和山谷及河流危险区，拍摄逾千张空中照片及录像，协助救援指挥部评估灾情。当时国内使用的无人直升机大多是购自日本的雅马哈，价格昂贵。经过了两年时间，大疆很快就把竞争对手甩在了身后。

（2）A. 创业阶段：生存期。D. 资源转化：取得人才。这一阶段将财务资源转化成人力资源。2008年导师李泽湘介绍了几位哈尔滨工业大学的优秀学生，公司技术实力得到加强。

（3）A. 创业阶段：成长早期。B. 阶段战略活动：2008年下半年以后，扩大市场，销售渗透市场，开始盈利性成长。D. 资源转化：这阶段用人力资源、实体资源生成客户资源和财务资源。

（4）A. 创业阶段：成长中期包含以下阶段。

a. 2009 年到 2010 年，大疆研发了在飞行变动中保持航拍镜头稳定对准目标的云台系统。2010 年，大疆的每月销售额达到几十万元。

b. 2010 年，香港科技大学向汪滔团队投资了 200 万元，汪涛的中学好友谢嘉投资并加入大疆团队，负责营销。

c. 2011 年，转型到电池动力的四旋翼无人飞机，修改飞控系统。

d. 2012 年到 2013 年年初，推出精灵 1 航拍四旋翼无人机，开始盈利性高成长。

（五）威鹏故事

威鹏案例发展过程的阶段如图 4－5，下面描述各阶段。

第一个商业模式：建立台湾移动优惠券广告系统与 App，进入生存期还没有盈利

决策期：发现机会、商业模式、产品服务	孕育期：建立团队、建立企业、研发：取得人才建立初创团队。研发移动优惠卷广告系统与手机 App。	生存期：产品上市销售，有商业化潜力，没有跨过盈亏平衡点。

生存期第二个商业模式：升级台湾移动广告平台，与 App 公司合作，扩大信息渠道

生存期：第二模式决策期：发现机会、商业模式升级	融资：亲友小额融资。取得人才：朱亮凯	孕育期：升级到移动广告平台。	生存期：台湾移动广告平台持续改善，朝向跨过盈亏平衡点。

生存期第三个国际化商业模式，复制扩张进入中国大陆移动广告平台市场、融资成功

生存期、决策期：发现大陆移动广告大市场机会	孕育期：建立大陆移动广告平台	大陆融资期：融资 700 万美元。	取得人才期：取得大数据人才：没有取得大陆广告市场高级营销人才

生存期第四个模式，扩张导致危机后，分拆成集团，聚焦盈利事业，生存期实现盈利

跳过生存期、过早进入成长早期：扩张渗透大陆市场、产业低价竞争、升级大数据架构	危机期：资本小、低价竞争、现金流危机	转型期：拆分、聚焦盈利事业、退出亏损事业	生存期达到阶段目标，跨过盈亏平衡点

图 4－5　威鹏创业阶段（根据以下创业案例的阶段绘制）

进入产业的排名：2006 年吴诣泓与黄俊杰创立的威鹏公司是大中国区（包含台湾、香港与中国大陆）手机移动广告新兴产业的第一进入者，全世界的第二进入者，是在移动广告产业萌芽浮现的极早期进入的。全世界第一家手机移动广告公司Admob 于 2006 年在美国创立，2009 年被 Google 以 7.8 亿美元购并。全球第三家公司 Inmobi 2007 年在印度创立，2008 年转型进入移动广告产业，与威鹏成立的时间差不多。2007 年 7 月苹果的 iPhone1 上市销售，智能手机用户人数从零开始，逐年数倍增长。一直到 2008 年 iPhone2 的阶段，产业中很少人用手机上网。2009 年 iPhone3 上市以后，手机上网用户增加，移动互联网广告产业才开始成长。

1. 威鹏第一个移动优惠券广告商业模式大阶段及细分阶段

（1）A. 创业阶段：决策期。B. 阶段战略活动：发现机会，构想出商业模式、产品服务。2006 年吴诣泓在英国德伦大学的MBA 学习期间，想参加蓝图创业大赛，争取首奖。依据理论他认识到，现在处于大众市场阶段的互联网产业已经少有机会了；现在的无线移动新兴产业处于早期的利基市场阶段，存在机会，未来数年后可能会发展成为大众市场。所以他锁定在移动领域找机会。之前他曾向大学同学黄俊杰提过 3 个移动创业项目，包含利用无线通信和定位技术进行车辆派送管理，餐厅的无线点餐项目。这一次他用了两周时间想到了手机移动折扣优惠券广告的创业项目。经过大半年时间的准备，2007 年该项目得到了蓝图创业大赛的首奖。威鹏的商业模式是，品牌商店广告顾客付费后，威鹏将商店的优惠券广告做成电子档，存放在服务器数据库中。手机用户走到某处，点击手机中安装的威鹏的折扣随行优惠券 App，程序会获取用户的位置信息并将信息传输到威鹏服务器的数据中心。程序比对商店位置与用户位置的距离，将用户几公里范围内的商店优惠券广告按照由近到远排序，逐条发送到手机中。用户点击感兴趣的广告，就可以凭此优惠券到商店中打折购买商品。商店可以通过移动优惠券广告获得更多销售量，增加利润。威鹏可以从广告的商店得到收入和利润。

（2）A. 创业阶段：孕育期（建立期）。B. 阶段战略活动：2007 年 10 月到 2008 年年初，建立创业团队，建立企业，研发商业模式与产品服务，有盈利模式。D. 资源转化：用人力资源和财务资源生成实体资源。2007 年 10 月有创业想法的吴诣泓邀请信息技术高手黄俊杰组成创业团队，投资 200 万元人民币创立威鹏公司。开发服务器端的系统与广告资料库，以及手机端的移动优惠券应用程序 App。

（3）A. 创业阶段：生存期。B. 阶段战略活动：2008 年初到 2009 年底，用自制的 App 发送移动优惠券广告。F. 内部条件外部环境变化：但是用自制的 App 使商业模式的移动广告发送渠道窄，只有移动优惠券广告则广告产品线窄，用户资源少，难以盈利。还要靠承包外面企业的信息系统开发工程，维持企业生存。商业化潜力不大。D. 资源转化：用人力资源、实体资源转化成用户资源、财务资源（不够）。

威鹏与广告商店合作促销推广，以及在 60 万只诺基亚手机中预装了 App。但是预装的活跃用户不够多，只用自制的 App 难以接触大量手机用户，难以盈利。为了减少亏损，还要靠承包外面企业的信息系统开发工程项目来维持企业生存。早期产业中其他开发与运营手机应用程序（App）的厂商很少。2009年年底当时品牌商店广告客户达到 300 多家，有威鹏 App 的手机用户达到 100 万，这期间其他开发手机 App 的厂商持续增加且 200 万人民币资金已经用完，需要融资。

2. 威鹏第二个移动优惠券广告平台商业模式大阶段及细分阶段

（1）A. 创业阶段：生存期。C. 商业模式大阶段：F. 内部条件外部环境变化：2008 年到 2009 年，在广告端的移动广告需求在成长，在手机端的 App 种类数量也在成长。第二个商业模式的决策期。B. 阶段战略活动：发现机会，建构第二阶段商业模式，升级成移动广告平台。2009 年年底到 2010 年 10 月，团队之前想到了做生活 App 或移动广告平台等多个方向，最终选择升级到移动广告平台商业模式。通过将威鹏的插入软件插入其他 App 中，利用其他 App 厂商的用户渠道发送广告。如果威鹏的移动广告插件插入到 1 000 个手机 App 中，就可以向有这 1 000 个 App 的所有手机用户发送移动广告，大幅扩增发送渠道数量。移动优惠券广告只占全部移动广告的十分之一。升级到移动广告平台的同时也扩大产品线，扩大到其他移动广告。这阶段是用人力资源和财务资源生成更好的实体资源和更多的用户资源。2008 年到 2009 年年底随着 iPhone 和安卓手机的普及和渗透率的提高，在广告端的移动广告需求在成长，在手机端的 App 种类数量也在增长。从 2009 年年初到年底，团队想到了承包外部的信息系统设计项目、转型做生活 App、转型成为移动广告平台，以及其他产品服务的多个方向。2009 年下半年创业团队已经意识到，转型升级成为移动广告平台系统是未来的发展方向。但是当时企业的财务资源和人力资源，都不足以支持折扣随行 App、承包的项目、移动广告平台同时进行。企业产品开发部门只有七个人，在同时间做三件事非常困难。最难的决策是要选择放弃。承包的项目是企业赖以发工资和维持生存的业务。折扣随行 App 已经做了两年之久，它就像创业者养的小孩，虽然长得不漂亮，但还是喜欢他，要放弃它的难度非常高。移动广告平台当时只是一个想法与概念。拖了 4 个月之后，在 2010 年年初的一次会议上黄俊杰说：我们有一棵树就是折扣随行 App，现在长起来了，但是已经确定长不大。这边有一个苗，就是移动广告平台，它很有机会，但是我需要浇大量的水它才会长起来。我们的资源就只有一桶水这么多。如果我们决定各浇二分之一的水，那结果就是树也长不大，苗也长不活，那要怎么办？然后团队认识到应该要集中资源开发新的移动广告平台系统，当时就做了冒险的决定，要停掉 App 和这两个项目，所有资源集中到开发移动广告平台系统。移动广告平台系统需要与其他 App 厂商建立广泛的合作关系。将手机端的威鹏 App 改成软件插件，插入到很多威鹏提供收入分成的合作厂商的 App 中，让这些 App 成为威鹏的广告发送渠道，扩大接触的手机用户量。当手机用户点开某个 App 时，首先执行插件程序，获取用户的位置等信息，然后传到威鹏服务器端的系统。系统里的程序比对广告商店的位置，将在 3 公里范围内的广告发送到用户手机中。用户的手机先展示移动广告，然后再执行原来的 App 程序。如果用户点击感兴趣的广告，可以被导航引导到商店消费。用户消费为广告的商店增加收入利润，使用户买到需要的产品，使手机 App 企业得到按照点击次数提取的收入利润，使威鹏通过众多 App 扩大了渠道和用户展示量，增加收入和利润。使广告选择对大量目标客户发送，提高转化率。移动广告比网页广告的位置更精准，使它的转化率是网页广告的 10 多倍。

（2）A. 创业阶段：生存期。第二个商业模式升级前的孕育期。D.资源转化：小额融资：2009年年底到2010年年初，生存期还没有跨过盈亏平衡点，因为商业化潜力不大，在初始资本用完后，只能从亲友那里融资到小额资本，为商业模式升级成移动广告平台提供财务资源。这一阶段是用实体资源和用户资源转化成维持生存的财务资源。2010年年初威鹏向亲友股权融资了200多万元人民币。

（3）A.创业阶段：生存期，第二个商业模式升级前的孕育期。E.短期动态能力建立：取得人才，建立升级能力，团队没有开发大型平台系统的技术人才。2009年年底到2010年年初，通过提供股份吸引取得高级技术人才朱亮凯加入团队，为下一阶段升级到移动广告平台系统商业模式建立技术能力。D.资源转化：这一阶段是用股份的未来财务资源转化成新人力资源。通过分享股份，黄俊杰吸引了一位技术总监朱亮凯加入团队。朱亮凯擅长百万人同时上线的高并发低延迟平台系统开发。

（4）A.创业阶段：生存期。B.阶段战略活动：第二个商业模式升级的孕育期、生存期，开发台湾移动广告平台系统。台湾那里上线后持续改善运营。D.资源转化：人力资源和财务资源转化成新商业模式的实体资源，再转化成客户资源。2010年10月平台升级完成并上线，之后台湾移动广告平台持续改善，渗透台湾市场，朝向跨过盈亏平衡点的生存期阶段目标。2010年威鹏在台湾才有第一个移动优惠券竞争者，它没有转型升级成为移动广告平台，后来退出了。

3.　威鹏第三个国际化进入大陆市场商业模式大阶段及细分阶段

（1）A.创业阶段：生存期。第三个国际化进入大陆市场商业模式的决策期。B.阶段战略活动：2010年10月台湾升级移动广告平台完成后，创业者决定进入大陆市场。F. 内部条件外部环境变化：当时威鹏的剩余资金不到100万元人民币，不久要再融资。2010年10月，台湾移动广告平台上线后，吴诣泓决定进入中国大陆市场。中国大陆有14亿人口，台湾有2400万人口，中国大陆市场规模比台湾大50多倍。当时剩余资金不到100万元人民币。吴诣泓、黄俊杰将资金各分一半，由吴诣泓开拓大陆市场。

（2）A. 创业阶段：生存期。第三个国际化进入大陆市场商业模式的生存期。B. 阶段战略活动：复制商业模式，扩张进入大陆市场。D. 资源转化：融资成功，2011年1月到2011年6月，威鹏进入大陆市场并溢价融资成功，达到融资阶段目标。这一阶段是用实体资源和用户资源转化成为财务资源。F. 内部条件外部环境变化：因为融到的资金还不够多，不够支持下一阶段同时发生的产业内低价竞争，扩张市场销售，升级大数据架构。2011年1月威鹏大陆的移动广告平台系统上线。2011年6月，威鹏A轮融资获得挚信资本700万美元的投资，占20%股份（原始资本溢价60倍）。

（3）A. 创业阶段：生存期。E. 短期动态能力建立（不良的）：渗透大陆市场时没有取得高级营销人才。2011年7月到2012年，企业还在生存期，还没有跨过盈亏平衡点。进入大陆移动广告市场后，企业没有取得懂大陆广告产业营销的高级人才，没有建立下一个中国市场渗透扩张阶段需要的营销能力。D. 资源转化：这阶段没有将财务资源转化成懂中国广告市场营销的人力资源。威鹏进入大陆时的两个管理者一个是创业者的弟弟，另一个是联发科的软件工程师管理者，但他们都不是广告行业的高级专业人才。他们在大陆广告行业销售渗透市场的早期摸不到门路，带队伍乱打。一直到 2012 年年中，威鹏才在台湾招聘到懂广告的人才徐禾杰，他之前是中国大陆的糯米网公司的台湾总经理。

（4）A. 创业阶段：生存期。B. 阶段战略活动（错误危险的）：该阶段的战略与目标不适配的实际错误执行的阶段战略。企业实际在生存期，其阶段战略是销售可盈利产品渗透区域目标细分市场，阶段战略目标应该是跨过盈亏平衡点与实现盈利，将实体资源转化成客户资源和财务资源。但是实际执行的战略却跳过生存期，过早进入成长早期阶段，开始扩张地区市场。由此产生了执行战略与实际阶段的战略不配合的错误，之后导致危机。2011 年 7 月到 2012 年年底，威鹏融资成功后还在生存期，还没有达到生存期阶段目标，没有跨过盈亏平衡点，就跳过生存期，过早进入成长早期阶段。企业在大陆扩张市场与销售渗透市场，人员快速扩增，但是没有多少销售效果。这阶段没有取得了解大陆移动广告平台市场营销的高级人才，不专业的营销活动使营销费用很高而且效果很差。同时聘任高级技术人才，投资升级成为大数据架构系统。这个方向也在烧钱。这阶段大量竞争者进入产业，产业内企业的竞争激烈，陷入负毛利价格竞争。不盈利的扩张导致威鹏亏损，不盈利的升级投资加重亏损，资本小无法长期支持产业的负毛利低价竞争，使威鹏出现财务危机，同时难以融资。2011 年 7 月威鹏融资成功以后就大幅扩张，创业者认为不扩张没办法打赢规模的战争。2012 年威鹏成立了北京分公司，疯狂的招人、面试，上海加上北京分公司的大陆销售人员最多增加到 40 多个。人员快速扩增，但是没有多少销售效果。2011 年，威鹏从防毒软件公司——趋势科技高薪聘任了大数据高级技术人才 Steven。威鹏要将系统升级到大数据架构，未来要逐渐挖掘数据和支持系统升级，这个过程非常烧钱。2011 年 7 月到 2012 年年底，这一阶段市场顾客的移动广告预算开始增长，有近百家中国本土和外国竞争者进入中国移动广告市场，产业竞争加剧。有些竞争者向风险投资商融资了更多资本，可以支持更为长期的低价竞争。中国大陆本土的多盟公司于 2010 年 9 月成立，到 2011 年 7 月获得了两轮 1 300 万美元的融资。印度的 Inmobi 公司于 2011 年进入中国，它已经从 KPCB、Sherpalo、软银进行了 3 轮 21 500 万美元的融资。2012 年威鹏在中国大陆进行移动广告市场渗透，遭遇了大资本支持的竞争者采取的负毛利低价竞争。低价竞争、扩张市场、缺少懂大陆广告市场的本土专业人才、升级大数据架构导致费用升高，致使威鹏产生亏损和现金流危机，同时难以融资。

4. 威鹏第四个重整后的商业模式大阶段及细分阶段

（1）A. 创业阶段：生存期，第四个商业模式的决策期、孕育期。B. 阶段战略活动：发生危机后，从成长早期的扩张阶段（实际执行战略），退回到生存期阶段（成为阶段应该的执行战略）。E. 具有短期动态能力：决策期，发现第四个商业模式的新机会，重组成集团，战略重新聚焦导向，执行节流开源重整救亡活动。创业团队将垂直整合的威鹏公司垂直和水平分拆成多个单一事业公司，成为一个集团。战略一方面执行撤除大陆移动广告平台公司实现收缩节流（结束掉与该阶段不适配的错误执行战略）。战略的另一方面聚焦到可盈利事业的开源（聚焦到阶段应该的正确执行战略），朝向实现盈利的生存期阶段目标：2013 年年初到 2014 年年底。在亏损与财务危机，以及资本不能支撑广告平台市场激烈竞争的条件下，为了发挥在移动广告平台系统的技术开发优势，砍掉在大陆市场对广告客户营销的短板和弱点，威鹏通过将一个垂直整合的公司垂直和水平分拆成多个单一事业公司，然后重新聚焦到能盈利的单一事业公司组成的集团实现开源，砍掉不能盈利的单一事业公司实现节流。2013年年初，威鹏进行了垂直分拆，成为下游的台湾移动广告平台公司，下游的大陆移动广告平台公司，上游的大陆移动广告平台开发与维护的软件级服务公司，转型成为多个单一事业公司构成的集团。然后下游聚焦在能盈利的台湾地区移动广告平台服务公司，上游聚焦在能盈利的开发维护移动广告平台的软件级服务供应商的中国公司，关掉中国大陆的移动广告平台商单一事业公司，退出亏损的中国大陆的移动广告市场的竞争。中国大陆的软件级服务供应商公司提供移动广告平台的软件级开发、维护服务，可以授权给集团内的台湾、香港移动广告平台公司使用平台系统，也可以授权给大陆的多家移动广告平台公司使用平台系统。

（2）A.创业阶段：生存期，第四个商业模式的生存期。B.阶段战略活动。E.具有短期动态能力的战略执行能力：销售授权给多个大陆移动广告平台公司付费租用威鹏的移动广告平台系统。之后达到了生存期的阶段目标，整个集团跨过盈亏平衡点，实现了盈利。2013年下游的台湾移动广告平台公司盈利。2013年威鹏成立了下游香港移动广告平台公司，当年年度盈亏平衡。2013年威鹏中国大陆的软件级服务供应商公司开发了几家大陆当地移动广告平台公司客户。但是由于平台系统开发的成本很高，大陆广告平台客户数量不多，收入不能覆盖成本，因此威鹏在2013年还没有盈利。2014年威鹏集团增加了大陆广告平台客户数量，增加了收入，并且又成立了日本分公司，当年威鹏实现全集团盈利。

第二节　实现高成长机理——利用早期机会、顺序执行创业阶段、快速资源转化

　　成为新兴产业领导厂商的高成长新企业起源于创业者利用的产业早期的机会。本书研究创业者利用新兴产业早期机会实现高成长的机理。采用案例研究方法，探索了4个创业者和5个企业的新兴产业高成长创业案例。发现了这些创业者都是新兴产业第一或早期利用机会的创业者。率先利用机会实现新企业未来高成长的机理为：率先或早期利用机会，可以早开发和升级产品服务，尽早向天使投资人或风险投资商获取高溢价股权融资，尽早取得人才、更新团队与建立新能力，尽早探索出商业模式的盈利模式和可盈利产品。创业过程可以划分为决策期、孕育期、生存期、成长早期的线性成长创业阶段。要按顺序执行这些阶段，否则会导致危机。资源可以概略分为四类：人力资源、财务资源、实体资源、用户或客户资源。要在每个阶段快速进行资源转化，达到阶段目标。决策期发现机会。在孕育期建立团队、投资，建立了初始财务资源和人力资源；然后用人力资源与财务资源研发商业模式与产品服务，生成实体资源；然后建立企业。在生存期上市销售或免费给用户试用，吸引增加用户，生成用户资源，创造出商业化潜力。要利用孕育期创造的商业化潜力在生存期融资。生存期阶段早期的商业模式是不完善的，可能无法盈利，生存期可能要经过几次转型升级商业模式，再销售可盈利产品，才能跨过盈亏平衡点，实现盈利。因此生存期可以更细分为：1. 生存期利用商业化潜力融资，利用实体和用户资源转化成财务资源。2. 生存期利用财

务资源取得高级人力资源。3. 生存期转型或升级商业模式，发展出盈利模式和可盈利产品，这阶段用人力资源和财务资源生成实体资源。4. 生存期销售产品、渗透市场，销售量跨过盈亏平衡点，实现盈利，这阶段用实体资源转化成客户资源和财务资源。成长早期是新企业产品服务有了竞争优势与产生盈利之后，扩张市场成长与扩大盈利的阶段。在生存期早期阶段新企业还没有盈利时，如果没有实现资源转化，就过早跨入成长早期阶段扩张成长，则新企业会遭遇危机或失败。在产生危机后，化解危机的战略是，要从成长早期阶段退回到生存期阶段。战略一方面要去除不盈利的事业和活动，收缩节流。另一方面要聚焦销售可盈利产品实现开源，朝向实现盈利的生存期阶段目标。研究结果对创业机会开发理论、创业阶段理论、成长机理理论、资源转化理论有贡献作用。

一、研究现象与问题

新兴产业创业的新企业可能具有高速成长性，在发展中国家，中国的新兴产业高成长新企业可能发展成为全球领导厂商，使中国的新兴产业赶超发达国家。成为新兴产业领导者的高成长新企业起源于创业活动，最早是创业者发现和利用机会的过程，有些新企业也是产业的第一或早期进入者。过去没有研究与揭露出为什么第一或早期利用新兴产业机会实现创业成功和未来高成长的机理。本书研究新兴产业创业的高成长现象，聚焦于从创业者利用早期机会到达到盈利性成长的阶段，研究问题为：创业者早期利用机会实现新企业未来高成长的机理为何？本研究采用探索性案例研究方法，揭露第一或早期利用机会实现未来高成长的机理。

二、文献回顾：已有创业阶段理论，但是对实现高成长的机理不清楚

本章开始就指出了实现高成长的机理包含创业机会、创业阶段、商业模式与产品服务、资源转化、动态能力。本节回顾新兴产业、企业成长、创业阶段、资源转化文献。

（一）新兴产业

产业是由上游、中游、下游的厂商和产品，终端市场顾客需要集聚成的市场需求，产业基础结构（Infrastructure）构成。重大的新技术出现使新兴产业诞生（Eisenhardt et al., 1990），也产生了许多创业机会。产业有生命周期，可以划分为萌芽浮现期、成长期、成熟期、衰退期的阶段。在萌芽浮现期和成长早期阶段产业中机会较多。

新兴产业长期有巨大的技术发展空间和市场成长空间，提供给新企业巨大的成长空间。新兴产业经过多年发展到成熟期，将成长为一个产值巨大的产业，有些高成长新企业会成为领导厂商，产业中不同企业选择不同的定位建立优势，产业的竞争格局会趋于稳定。

（二）新企业成长性测量的期间

艾森哈特和斯洪霍芬（1990）认为，创业初始条件影响组织成长，并且未来的成长对初始条件有极敏感的依赖，在初期微小的差异在未来会变成巨大的差异，类似蝴蝶效果。

德尔马（1997）分析了55个研究得出，测量企业成长的常用指标是员工人数增长率和销售额增长率，常用的测量时间是5年和3年。卡巴度斯等（2012）和张梦琪（2015）还补充了营业利润增长率指标。

（三）影响成长性的新企业初始变量

1. 量化实证研究中影响成长性的创业初始变量

过去没有研究机会对成长性的影响，但是下述研究中的变量包含构成机会的变量。影响新企业成长性的创业初始变量可以分为创业者、创业团队、利用新技术、产业生命周期阶段、环境、策略、机会品质、市场成长性、产品差异化、竞争集中度、技术创新策略。（1）初始创业者变量包含相关产业经验（Siegel, et. al., 1993）、管理能力、技术能力（Baum et al., 2001）。（2）初始创业团队变量包含人数规模（Bruton et al., 2002；Eisenhardt et al., 1990）、功能平衡完整（Siegel et al., 1993）、先前合作经验、产业经验的异质性（Eisenhardt et al., 1990）。（3）Siegel 等（1993）研究结果显示，利用新技术，则成长性高，以此显示利用新技术可能是新兴产业高成长的一项影响因素。（4）在产业生命周期阶段方面，Eisenhardt 等（1990）实证得出，与产业浮现阶段市场和成熟阶段市场创立的新企业比，产业成长阶段市场创立的新企业有更高的成长。Bruton 等（2002）实证得出，新企业晚进入产业，在成长期进入，则成长性高。（5）在策略方面，Siegel 等（1993）得出采取聚焦策略，则成长性高。（6）McDougall 等（1994）整合了产业生命周期阶段、策略与成长性，提出了宽策略、窄策略的分类。研究得出：产业生命周期的早期高成长阶段，新企业采取宽策略，则成长性高。产业生命周期的晚期低成长阶段，新企业采取聚焦策略，则成长性高。这个研究整合了 Eisenhardt 等（1990）、Siegel 等（1993）的结论。（7）在机会品质方面，Chandler 等（1994）研究结果显示，市场需求成长率高（Siegel, et. al., 1993）、产品是差异化的、产业竞争集中度低（Eisenhardt et al., 1990），则机会品质好，则成长性高。由于在产业成长早期阶段存在产品差异化的机会、市场成长率高、竞争不激烈，因此 Eisenhardt 等（1990）、McDougall 等（1994）、Chandler 等（1994）得出的结果是一致的。（8）在技术创新策略方面，Eisenhardt 等（1990）提出，技术创新策略与成长有∩形曲线关系，中度技术创新的新厂商成长性更高。此结果与后来 Chandler（1996）实证得出的事业相似性与创业绩效的∩形关系一致。与非相关产业和相同产业进入的创业者相比，从相关产业进入新兴产业的创业者进行中度技术创新，这类新企业的成长性更高。

2. 新企业成长性研究文献评述

（1）新企业短期成长性研究结论不主张在新兴产业萌芽浮现的极早期进入创业：以上结果可以得出结论，创业者从相关产业进入，有相关产业经验知识、管理和技术知识；团队合作过、人数规模大、功能平衡完整、有异质性；在产业成长期阶段进入，采取宽策略；机会品质好，包含市场成长率高、竞争集中度低、产品差异化；采取中度技术创新策略，则新企业成长性高。相比之下，在新兴产业萌芽浮现期利用机会创业，在 3 年或 5 年的成长性不高。

（2）以上结论存在问题，与第一进入者优势理论（Lieberman et al., 1988）相冲突：因为只测量了新企业 3 年或 5 年的成长率，在产业中期的成长期阶段创立的新企业因为市场成长率高与竞争集中度不高，则新企业的成长性最高。在产业萌芽浮现的极早期进入的第一进入者，因为市场成长率低，则 3 年或 5 年测量出的新企业的成长性不高。第一进入者发展到了产业成长期已经有更高优势，有更高成长性，但是过去的研究没有测量到第一进入的新企业在产业成长期阶段的更高成长。

（3）过去没有研究初始创业机会对新企业成长性的影响：创业机会作为一项最重要的创业初始条件变量，应该对新企业的成长有重大影响，但是过去没有研究初始创业机会对新企业成长性的影响。过去包含了创业机会变量影响成长性的研究都是量化实证研究，只收集了创业初始时点和3～5年测量周期结束时点的数据。

（4）不清楚过程中产生高成长的机理，需要研究创业过程：过去的量化新企业成长性研究忽略了中间的过程，不能揭露出第一或早期利用机会对未来高成长性影响的机理，特别是新兴产业新企业利用早期创业机会对高成长的影响机理是我们至今也不清楚的。这种机理对解释第一或早期利用新兴产业的不明显机会，保持第一进入者优势，使新企业实现未来高成长和成为领导企业是非常重要的。必须经由包含创业过程的多案例研究才能揭露这种机理。

（四）创业阶段对创业成功的影响

1. 创业过程的线性成长阶段理论

为了研究创业过程中产生高成长的机理，需要将创业过程分解为性质不同的阶段。张敬伟（2013）在回顾新企业成长过程研究的文章中指出，新企业成长过程理论可以分为：线性成长阶段理论、非线性阶段成长理论、基于效果逻辑决策理论的成长过程机理、基于创造性拼凑理论的成长过程机理。朱沛（2015）在类似专著的《创业战略管理》教科书中提出了一个线性创业阶段理论。由于本研究的时间周期范围限定在创业者利用机会到新企业实现盈利与在市场具有竞争优势的阶段，因此本研究不回顾线性成长阶段模型中的 Adizes（1989）提出的长周期的组织生命周期阶段理论，以下只回顾短周期的创业阶段理论。由于后两种成长机理是从自身拥有的手段或者手头资源出发的微观层次机理，与成长阶段的生命周期理论不是同一类理论，而且已经被研究了，因此本书不探讨这类理论。

Holt（1992）将创业过程划分为创业前阶段、创业阶段、早期成长阶段和晚期成长阶段。陈佳贵（1995）将企业生命周期划分为孕育期、求生存期、高速成长期、成熟期、衰退期、蜕变期六个阶段。夏清华和易朝辉（2009）将创业阶段划分为新企业建立阶段、生存与成长阶段、成长期。Vohora 等（2004）提出了短周期的创业阶段理论，大学科研成果发展出的新企业往往经历五个发展阶段：研究阶段、机会形成阶段、前组织阶段、重新导向阶段、持久报酬阶段。在相邻阶段之间存在机会认知、创业承诺、信任门槛、持久门槛的四个关键节点。新企业只有度过了关键节点，才有可能进入下一发展阶段，否则就会遭遇成长停滞或失败。朱沛（2015）将创业过程分为决策期和执行期这两大阶段。创业执行期再分为种子期、建立期、改善期（生存期）、成长早期阶段。朱沛认为在没有达到前一个阶段目标前，不应该进入下一个阶段，否则会导致新企业失败，这与 Vohora 等（2004）的关键节点观点一致。

2. 整合不同学者的理论

因为研究的创业类型不同，以上学者的阶段划分也有所不同，但是也有部分类似，需要找出一般性的阶段划分。因为创业是一个社会企业组织诞生和早期成长的过程，可以类比动物和植物的诞生过程。创业过程中的阶段有着组织生命周期阶段的含义，因此下面类比生物诞生说明各个阶段。（1）创业前阶段（Holt，1992）、研究阶段和机会认知节点（Vohora et al.，2004）、创业决策期（朱沛，2015）相互对应，本研究将这个阶段命名为决策期与机会发现与识别期。决策期阶段识别了创业机会，能够结合机会条件里的不同资源，就是新技术与现有企业要素（类似于雌雄生物携带不同基因）能创造出一个新商业模式与新产品服务（新物种的生命），能解决一个细分市场顾客的问题，满足顾客需要（适应一个生存利基）。（2）孕育期（陈佳贵，1995）、机会形成阶段与创业承诺节点（Vohora et al.，2004）、种子期阶段（朱沛，2015）相互对应。这个阶段是创业执行阶段的第一个细分阶段，本研究命名为孕育期阶段。孕育期要建立创业团队与外部合作关系，不同成员和外部合作企业拥有不同与互补的资源。团队结合不同资源，研发出新商业模式原型和新产品服务原型，阶段目标是达到产品服务原型有商业化盈利潜力（朱沛，2015），要有利于后续股权溢价融资。这个阶段类似于动物诞生，称之为孕育期（陈佳贵，1995），经过雌雄个体的基因结合，产生和孕育新生命。类比于植物诞生，称之为种子期阶段，包含植物雌雄授粉，种子长成，种子发芽阶段。（3）新企业建立阶段（夏清华等，2009）、前组织阶段（Vohora et al.，2004）、建立期阶段（朱沛，2015）相互对应。新企业注册成立并建立实体运营系统，类似动物诞生，植物发芽破土。这是一个短期的阶段，在创业阶段理论中的作用不明显。这个阶段在有些案例中是在孕育期之前，在另一些案例中在孕育期之后，这个阶段的目标是为下一个生存期的阶段目标服务的，因此有些学者将这个阶段与前一个阶段合并。陈佳贵（1995）的孕育期包含了建立期（朱沛，2015），夏清华等（2009）的新企业建立阶段包含了孕育期。本研究也将这个建立期阶段合并到孕育期阶段中。（4）求生存期（陈佳贵，1995）、生存与成长阶段（夏清华等，2009）、重新导向阶段与持久（盈利）

门槛节点（Vohora et al., 2004）、改善期（生存期）（朱沛，2015）相互对应，本研究将这个阶段命名为生存期。在生存期阶段，产品服务上市销售使用，渗透市场，同时进行全部职能改善。在实现盈利之前新企业可能要重新制定战略导向，包含探索出商业模式的盈利模式和可盈利产品，或者创造转型升级的新商业模式和新产品服务。生存期达到了阶段目标（朱沛，2015），新企业要跨过盈亏平衡点与实现盈利，类似于跨过持久（盈利）门槛节点（Vohora et al., 2004）。是否达到生存期实现盈利的阶段目标，能够很清楚地判断创业是否成功，这是检验创业成败最关键的阶段。（5）持久报酬阶段（Vohora et al., 2004）的早期、早期成长阶段（Holt, 1992）、成长早期阶段（朱沛, 2015）相互对应，本研究命名为成长早期阶段。在成长早期阶段，新企业持续扩张市场与扩大盈利，产生更多报酬。成长中期阶段不属于创业阶段，属于小企业成长阶段（朱沛, 2015）。

3. 提出线性成长的创业阶段理论

综上所述，本研究提出一个新兴产业创业过程中线性成长的创业阶段理论：决策期、执行期。执行期阶段包含孕育期（种子期）、生存期（改善期）、成长早期的细分阶段（朱沛，2015）。决策期是识别机会的阶段，阶段目标是识别了创业机会。孕育期（种子期）要建立创业团队，建立新企业，结合资源研发新商业模式和新产品原型。孕育期阶段目标是产品上市试销试用后要有商业化盈利潜力。未来新企业能够利用商业化盈利潜力向风险投资商获取高溢价股权融资，获得后续发展需要的资金。生存期（改善期）从产品开始上市销售给顾客，渗透少数有限区域的细分市场，同时持续进行全职能改善。生存期阶段目标是要达到新企业跨过盈亏平衡点与实现盈利。成长早期是新企业产品服务有了竞争优势与产生盈利之后，复制扩张市场成长与扩大盈利的阶段。这是创业执行过程的最后一个阶段，盈利的基础来自决策期的创业机会。成长中期阶段不属于创业阶段，属于小企业成长阶段。

4. 创业阶段理论是新企业诞生与成长的组织生命周期理论

创业阶段有企业组织生命周期的含义，要按照顺序执行，每个阶段都有要达到的阶段目标（朱沛，2015）。达到一个阶段目标，才可以开始进入下一个阶段。如果没有达到这一个阶段目标，过早进入下一个阶段，则会遭遇危机与失败。这与 Vohora 等（2004）的观点一致，新企业只有度过了关键节点，才有可能进入下一个发展阶段，否则就会遭遇成长停滞或失败的问题。例如，（1）决策期阶段目标是发现创业机会，创业者要发现创业机会，进入执行期才可能创业成功。如果在决策期没有发现机会，则进入执行期创业会失败。（2）孕育期的阶段目标是所研发的产品服务要有商业化盈利潜力。新产品越接近盈利，则在生存期可以越早实现盈利，使生存期的时间越短，企业越早能存活，能越早进入成长早期。如果孕育期产品服务的商业化盈利潜力没有或很低，则应该保持在孕育期持续研发，提高产品有价值的差异程度和竞争优势；如果没有商业化盈利潜力或有商业化盈利潜力很低的产品过早上市销售，则容易导致亏损与失败。（3）新企业在生存期要达到阶段目标，实现了盈利，才可以进入成长早期，扩张市场成长。如果在生存期新产品服务不能盈利时，就过早扩张市场成长，会加重亏损，遭遇危机与失败。将创业阶段与人类诞生过程进行对比，新生命要在母亲体内孕育 10 个月（孕育期），达到孕育期阶段目标，再生下来，存活（成功）的概率高。如果只孕育了 6 个月就生下来（早产儿，没有达到孕育期阶段目标），则婴儿死亡的概率高。

5. 每个阶段的执行活动和目标就是这个阶段应该的阶段战略和目标

线性成长的创业阶段理论指出了在某个创业阶段应该执行的阶段战略活动和要达到的阶段目标。创业是从 0 到 1 的新企业诞生成长的一种战略类型。线性成长的创业阶段的内在逻辑是，创业过程中要按照阶段顺序执行不同的战略活动：（1）发现机会（决策期）；（2）研发出产品服务与做出实际的商业模式系统（孕育期）；（3）生存期产品服务上市后，要在研发、运营、营销、财务、人力的各方面系统性地持续改善，销售渗透少数细分市场，达到实现盈利的阶段目标，使企业能在市场中生存；（4）能盈利与生存后，才可以进入成长早期，扩张市场，扩大收入和利润。创业阶段将创业战略划分为与该阶段相对应的战略执行活动与阶段目标（朱沛，2015）。在决策期的阶段战略执行活动要搜索发现、分析内外部条件与趋势、建构与评估方案、决策选择战略方案的活动。创业者在阶段战略执行活动中要执行发现识别评价机会与建构商业模式和新产品服务的活动。阶段目标是发现了创业机会，而且是创业者和他的团队的内部资源能力能够利用的相关产业的机会。孕育期的阶段战略执行活动要建立团队，建立企业，研发新商业模式和差异化的新产品服务。阶段目标是新产品服务上市以后有商业化盈利潜力。商业化盈利潜力越大则越有利于在生存期融资成功，也有助于企业在生存期早点快速达到阶段目标，实现盈利。生存期应该的阶段战略执行活动是一边销售产品给顾客，渗透有限区域的有潜力的细分市场，同时进行全部职能系统改善。在生存期的早期，产品服务还不能盈利时，阶段战略要在市场、产品、价值活动三个方面都聚焦，在市场方面要聚焦渗透有限的、少数竞争不激烈的、有需求潜力的区域目标细分市场（朱沛，2015）。达到了生存期阶段目标，实现盈利之后，才应该进入成长早期，扩张市场成长，增加收入和利润。

6. 阶段战略错误：就是实际执行的是下一个阶段的战略，而非此阶段的战略活动

可能新企业在某个阶段实际执行的阶段战略活动和阶段目标与此阶段应该的战略活动和目标是不相符的。如果实际的阶段战略活动与应该执行的阶段战略活动不适配，则将产生阶段执行战略的错误，将使新企业偏离或无法达到实际的阶段目标，将产生新企业的失败危机。例如，在生存期应该执行的阶段战略是要在市场、产品、价值活动上聚焦，进行全职能系统改善，销售产品给顾客，渗透少数区域目标细分市场，阶段目标是实现盈利。但是如果在生存期的早期产品服务还不能盈利或还没有竞争优势时，就开始扩张市场成长。实际是跳过了生存期，过早进入了成长早期阶段，实际执行的是成长早期阶段的战略活动，这就产生了阶段执行战略与实际的阶段执行战略不适配的状况，产生了阶段战略错误。如此则会因为扩张市场产生资源稀释导致销售效果越差，不盈利的产品销售越多导致亏损越大，结果将导致失败危机。

（五）资源转化与创业成功

1. 资源角度的新企业成长阶段理论

Garnsey（1998）的阶段理论从资源角度研究新企业，从资源获取、配置与结合，到新资源生成的发展过程和要解决的问题，理论基础是 Penrose（1959）的资源基础论。Phelps 等（2007）在回顾了阶段模型研究文献后指出，新企业在成长中要面临六

个转折点（包括战略、市场进入、正式系统、获取财务资源、人事管理和运营改善），企业只有开发相应的知识并在面对不同转折点时采取相应的措施来应对，才有可能顺利进入新的成长阶段。他们虽然强调了创业团队的知识对干预成长过程的重要性，但没有论及何时干预、如何干预等更具实际意义的问题。Andries（2006）、Ambos等（2010）、王迎军等（2011）等学者分别从商业模式调适、原型转换、商业模式构建等新的理论视角研究了新企业成长过程问题。

2. 理论评述：创业过程也是资源转化的过程

过去的学者分别从创业阶段视角，资源取得与再生视角，商业模式视角进行研究。笔者认为在本研究选择的特殊类型研究中，应该把这些视角结合研究。参照菲尔普斯等（2007）的论文，可以将资源粗略分为人力资源、财务资源、实体资源、客户资源。对比创业开始时点和创业成功后的结束时点的各类资源的存量差异，可以明确创业过程也是一个资源创造的过程。创业过程的开始是创业团队投入的人（少量团队人力资源）、钱（少量财务资源）和利用的机会。创业过程的结束是新企业实现了盈利，结果产生更多更多的钱（大量财务资源）、更多的人（大量人力资源）、增加的企业实体资产（大量实体资源）、企业客户（大量客户资源）。在开始时和结束时的资源差距，显示出在过程中的不同阶段实现了资源的转化与生成，使多种资源都增加了。快速有效的资源转化可以增加资源存量，使企业成长得更快，也提高抗风险能力。缓慢或者没有资源转化，就不能提高资源存量，降低抗风险能力，会使企业遭遇危机。因此本书要研究与创业阶段配合的资源转化与生成。

二、资料分析结果：实现创业成功与高成长的机理

（一）案例企业早利用机会进入新兴产业的排名顺序

4个案例显示：（1）新兴产业高成长领导企业的创业者进入产业创业的时间早，在中国新兴产业极早的萌芽浮现期或者成长早期发现和利用机会，是第一进入者或早期进入者；（2）此时竞争者没有或很少，有利于创业。中国黄页、大疆创新、威鹏这3个案例的创业者是产业极早期的第一进入者，没有竞争者。携程网是产业成长早期的第三个进入者，产业有少数竞争者，但是竞争者还没有发展出盈利模式。只要携程网提早探索出盈利模式与转型升级，就能取得竞争优势。

（二）机理之一：早利用新兴产业的机会，早创造出优势

结论1：领先利用机会创造出早期的商业模式和产品服务，才能率先演化出后期的转型升级商业模式，才能领先发展出后期的集成产品或互补产品，提高竞争优势，为后期的成长建立基础。

4个案例故事显示，新企业发展技术、产品服务、商业模式是一个长期的过程，会经历多次的转型升级，是多阶段的大工程。没有率先利用早期机会创造的新产品和第一或早期进入者优势，就不能创造出后期的新产品服务，就不能维持竞争优势和产生高成长。

（1）中国黄页商业模式是一个对全世界网民开放搜索的众多企业的广告板。中国黄页在1995年的商业模式是对中国外贸企业销售用中文稿定制英文版网页广告，并可以在互联网搜索和展示的服务。网站是不需要注册会员的开放式的网站。浏览网页广告的人没有把信息保留在网站中，网站不能记录下买卖

双方互动的信息。

　　阿里巴巴一开始的商业模式是一个封闭式的对买卖商人提供免费信息服务的中文和英文双网站的网上电子集市（集聚人群的交易市场），是从中国黄页网站转型升级的。马云团队在1999年创立的阿里巴巴公司，是对中小企业提供交易前免费商业信息流的 B2B 商业模式的对买方与卖方服务的网站。与中国黄页网站相比，阿里巴巴是一个服务升级的封闭式的网站，用户要注册成为会员才能进入网站。封闭式网站使买卖双方的互动交流信息保留在网站内。阿里巴巴在站内为用户提供了一块商铺空间。客户在站内建立企业网页和使用信息搜索服务，使买卖双方在站内找到对方，协商达成交易，使平台为买卖双方客户创造价值。免费可以与外经贸部的中国商品交易市场网站竞争客户，也可以加快渗透 B2B 市场。中国供应商是对高使用量与高交易量的站内顾客提供收费的增值服务，是在免费服务基础上升级的。2001 年，阿里巴巴在原来的免费顾客中，开发出高使用量与高交易量的中国供应商顾客，为他们提供收费的增值服务。此时的商业模式已经发展出了盈利模式和可盈利产品。

　　（2）携程网第一阶段的商业模式是旅游信息服务网站。1999 年 10 月上线的携程网是一个旅游信息网站，产品不能盈利。此时的商业模式没有盈利模式和可盈利产品。携程网第二阶段的商业模式是，在旅游用户中将需要订酒店房间的客户导入到线上酒店订房服务，同时也经营电话订房业务。2000 年 2 月以后，携程网转型增加酒店订房服务网站，以及增加了电话订房中心的传统酒店订房服务事业部。旅游网与酒店订房服务以及电话订房服务是互补的，此阶段的商业模式有盈利模式和可盈利产品。

（3）大疆创新 2006 年的商业模式与 2008 年后的商业模式变化不大，产品改变大。2006 年只开发了单旋翼无人直升机的自动悬停功能，产品售价不高，需求量不大。到 2008 年成功开发第一代功能完整与升级的单旋翼无人直升机飞控系统，可以执行无人机航拍，产品售价大幅提高到 20 万元一台，需求量增大。之后开发了稳定航拍摄像机的云台。转型研制四旋翼无人直升机。

（4）威鹏第一个商业模式是移动优惠券广告，用自制 App 发送。在 2007 年 10 月到 2009 年建立的是移动优惠券广告公司的商业模式。用自制的手机 App 获取用户的位置等信息并传送到数据中心，对比商店的位置，如果用户位置在商店位置的几公里范围内，系统就发送移动广告到用户手机。用户可点击自己感兴趣的广告，可以被导航带到商店用优惠券消费，使商店增加销售收入和利润，用户可以折扣购买商品。威鹏第二个商业模式是升级成为移动广告平台，用很多 App 信息渠道发送广告。在 2010 年升级成为移动广告平台的商业模式，产品从移动优惠券扩展到更多种移动广告。商业模式转变为不再自制手机 App，改为将自己公司的软件（插件）插入到很多厂商的手机 App 中，借用很多厂商的用户渠道发送移动广告。手机用户打开一个 App，App 先执行威鹏的插件，获取用户的位置等信息，在威鹏数据中心比对位置后，再将几公里范围的商店广告发送给用户。广告展示后，手机用户才进入到其他厂商 App 的功能。

结论 2：早进入产业，可以早发展出商业化盈利潜力，提早向投资商融资成功，取得长期发展需要的资金，应对未来的价格竞争。

4个案例显示，在新兴产业极早期创业都是从小资本开始的。中国黄页的创业资本为10万元人民币；携程网的创业资本为100万元人民币；大疆创新的创业资本在10万元人民币以内；威鹏的创业资本为200万人民币。初期资本小不能支持长期发展，难以应对未来竞争者的低价竞争，都需要及早向投资商融资。根据携程网、大疆创新、阿里巴巴这3个案例显示的内容，财务方面好的策略是，在孕育期后利用商业化潜力溢价融资成功。有充足的资本就可以应对竞争、维持发展。不成功的案例有：中国黄页因为没有融资成功，被国企购并；威鹏因为太晚融资与融到的资金不多，承受不了大资本的竞争者发起的负毛利低价竞争，退出中国大陆移动广告市场。这两个案例显示出，在有资本优势的竞争者进入后，如果新企业没有提早融资成功，或者融资金额小，则新企业缺少资本应对低价竞争，将处于资金链断裂的危险状态。新企业只有被迫选择转型与退出竞争的市场，或者被资本雄厚的竞争者购并。

结论3：小团队早进入产业，可以早取得人才，建立阶段需要的能力，才能穿过各个创业阶段，到产业成长期发展出大规模的团队。

产业萌芽浮现极早期的第一进入者具有小团队小资本的特征，因为早期机会不明显，认同创业的人不多，不易形成人数多规模大的团队。中国黄页的初期团队只有3人；大疆创新的初始团队有3人；威鹏的初始团队有2人。产业成长期的创业团队规模较大，因为机会明显了，例如携程网的初始团队有4人。虽然初始创业团队人数规模大则新企业成长性高（Bruton et al., 2002），但是新兴产业极早期创业也许只能从小团队开始，能力不充足。早进入创业，可以早取得人才扩大团队，建立后续阶段需要的能力，从而穿过各个创业阶段，到产业成长期发展出大规模的团队。

结论 4：早进入产业可以早探索出盈利模式和可盈利产品，可以早达到实现盈利的生存期阶段目标，早进入成长期，使成长期阶段加长，扩大竞争优势。

3 个案例显示，需要先探索出了商业模式的盈利模式和可盈利产品，跨过盈亏平衡点之后，才可以扩张市场成长。中国黄页和大疆创新在创业初期有盈利模式，携程网、阿里巴巴初期的商业模式没有盈利模式，威鹏的初期商业模式有盈利模式，但是难以盈利，需要持续转型升级，才能实现盈利。携程网从旅游门户网开始，很快探索出酒店订房的盈利模式。阿里巴巴融资成功后，在没有盈利模式的条件下过早地进行国际化扩张，导致危机。后来探索出中国供应商和诚信通的可盈利产品和盈利模式，收缩聚焦，才实现盈利和成长。威鹏初期是向用户推广自制 App 发送移动优惠券广告，难以盈利。后来商业模式转型成为移动广告平台，与许多 App 厂商合作，实现盈利。

（三）机理之二：顺序执行创业阶段，达到每一个阶段目标

结论 1：创业执行过程可以分为孕育期、生存期、成长早期的线性成长的创业阶段。

如果按照创业阶段顺序执行，达到一个阶段目标后，再进入下一个阶段应该执行的战略活动。则创业过程会很早顺利实现盈利，进入下一个成长早期阶段，实现盈利性成长。正确稳健的生存期阶段战略应该是：生存期要持续改善，甚至要数次转型升级商业模式，直到达到阶段目标，实现盈利。之后再进入成长早期阶段，扩张市场、扩大销售、扩大盈利。

携程网、大疆创新的分析结果与案例证据：携程网、大疆

创新都是正面验证创业阶段理论的案例。都按顺序执行了创业阶段，创业和成长过程很顺利，没有发生失败危机。携程网是按照决策期、孕育期、生存期、成长早期的创业阶段这一顺序执行的，创业过程很顺利，没有发生失败危机。大疆创新是按照决策期、孕育期、生存期、成长早期的创业阶段的顺序执行的，创业过程基本顺利，没有发生失败危机。只有在生存期的一小段时间发生了资金缺乏的危机。在销售出一笔产品，并且在不久融资成功后，就不存在危机了。

如果没有达到阶段目标，就过早进入下一个阶段，新企业会遭遇失败危机。例如，在生存期阶段，如果没有达到生存期实现盈利的阶段目标，就过早进入下一个成长早期阶段扩张市场，新企业会遭遇失败危机。这种现象的发生是因为：产生了生存期阶段应该执行的战略与实际执行的战略不适配的错误，达不到甚至严重背离了生存期实现盈利的阶段目标。

结论2：在生存期产生危机后，化解危机、扭亏为盈、救亡图存的方法是，从错误的成长早期阶段的执行战略——就是市场扩张战略，退回到生存期阶段应该的执行战略——就是要执行收缩市场范围，聚焦销售可盈利产品，渗透目标细分市场，进行全职能系统改善，朝向达到实现盈利的生存期阶段目标。

1. 阿里巴巴分析结果与案例证据

阿里巴巴和威鹏是从反面验证创业阶段理论的案例，在生存期阶段没有按照阶段顺序执行，产生了危机。阿里巴巴在生存期融资成功后，还没有达到生存期实现盈利的阶段目标前，过早执行了成长早期的阶段战略，进行国际化扩张市场。产生了生存期阶段应该执行的战略与实际执行的战略不适配的错误，达不到甚至严重背离了生存期实现盈利的阶段目标，导致了危机。

　　阿里巴巴是按照决策期、孕育期、生存期的创业阶段顺序执行的，并且在生存期融资成功。但是到 2000 年 1 月，阿里巴巴在生存期的两轮融资获得 2 500 美元的投资后，在还没有盈利模式和可盈利产品，在没有达到生存期实现盈利的阶段目标之前，就跳过生存期，过早进入成长早期阶段，执行国际化扩张市场成长。国际化扩张快速烧钱，导致了亏损与财务危机，马云在 2000 年 9 月宣布阿里巴巴进入紧急状态。在生存期阶段的执行战略是探索出盈利模式，聚焦销售可盈利产品，渗透有潜力的目标细分市场，阶段目标是实现盈利。但是阿里巴巴在生存期实际执行的是成长早期的阶段战略，扩张市场成长。产生了生存期阶段的执行战略与实际的执行战略不适配，达不到甚至严重背离了生存期实现盈利的阶段目标，导致了危机。

　　阿里巴巴化解危机、扭亏为盈、救亡图存的方法是，从错误的成长早期阶段的执行战略，退回到生存期阶段应该的执行战略，朝向达到实现盈利的生存期阶段目标。将国际化扩张市场的战略，改为撤站裁员收缩市场节流（结束掉与该阶段不适配的错误执行战略），聚焦到销售可盈利产品（聚焦到与该阶段相符的正确执行战略），聚焦渗透国内最有潜力的浙江省、广东省两个细分市场，朝向达到生存期实现盈利的阶段目标。

　　在危机出现后的 2001 年 1 月，马云聘任了关明生担任运营长。关明生帮助马云将阿里巴巴从成长早期阶段拉回到生存期阶段，改变战略方向，朝向生存期实现盈利的阶段目标。战略上一方面实施撤站裁员收缩节流，降低成本费用和现金流出。另一方面实施找出盈利模式，聚焦到销售可盈利产品，优先聚焦渗透浙江省和广东省两个最有潜力的细分市场，产生收入和利润，实现开源。从 2001 年年初到 2002 年年底这两年的时间，阿里巴巴重整救亡成功，达到生存期阶段目标，实现盈利。之后阿里巴巴进入到成长早期阶段，持续扩张市场，扩大收入和利润，持续盈利性成长。

2. 威鹏的分析结果与案例证据

威鹏的生存期在中国大陆移动广告平台市场没有成功，原因有：（1）违反了创业阶段理论，没有按顺序执行创业阶段，产生了危机。在生存期，过早执行了成长早期的阶段战略，扩张市场。产生了生存期阶段应该执行的战略与实际执行的战略不适配，达不到甚至背离了生存期实现盈利的阶段目标。（2）在生存期早期没有快速进行资源转化，融到足够多的资金。2009 年年底第一轮融资的金额很小，2011 年 7 月融到 700 万美元的资金。但是与竞争者的资本相比，威鹏的整体资本额偏小。资本小难以支持威鹏长期持续发展与有效应对低价竞争。（3）在大陆市场销售前的阶段，威鹏大陆团队没有懂大陆广告市场的高级营销人才，也没有取得这类本土化的高级人才，没有建立下一个阶段需要的营销能力，没有建立短期动态能力。（4）在融资成功后的生存期阶段，大量竞争者进入产业，出现了负毛利的低价竞争，使威鹏持续亏损。（5）在生存期进行短期难以盈利的系统升级到大数据架构，产生了高费用。五者叠加导致了威鹏的亏损与危机。

威鹏是按照决策期、孕育期、生存期的创业阶段顺序执行的，并且在生存期融资成功。到 2011 年 7 月，威鹏在生存期第 2 轮成功融资到 700 万美元。但是相比于竞争者，威鹏的资本还是偏小。融资成功后，在还没有达到生存期实现盈利的阶段目标之前，就跳过生存期，过早进入成长早期阶段，扩张市场成长。在生存期应该的阶段执行战略是聚焦可盈利的事业，销售可盈利产品，渗透有潜力的目标细分市场，阶段目标是实现盈利。但是威鹏在生存期融资后，实际执行的是成长早期的阶段战略，过早扩张市场成长。产生了生存期阶段的执行战略与实际的执行战略不适配，达不到甚至背离了生存期实现盈利的阶段目标。威鹏大陆团队没有懂大陆广告市场的高级营销人才，他们在大陆广告行业销售渗透市场的早期摸不到门路，带队伍乱打，使得费用高、效果差。2011年到2012年几十家竞争者进入产业。大资本竞争者在产业发起了负毛利的低价竞争。在2011年7月融资成功后，威鹏也执行挖角大数据架构高级技术人才，投资将系统升级到大数据架构，这个过程非常烧钱。扩张市场和技术升级导致快速烧钱，负毛利的低价竞争导致威鹏亏损，产生财务危机。

威鹏化解危机、救亡图存的方法是，从成长早期阶段退回到生存期阶段，发现第四个商业模式的新机会，战略重新聚焦导向，采取节流开源重整救亡战略。创业团队将垂直整合的威鹏公司垂直和水平分拆成多个单一事业公司，组合成一个集团。战略一方面停止大陆广告平台公司的扩张，直接撤除大陆广告平台公司实现收缩节流（结束掉与该阶段不适配的错误执行战略）。战略的另一方面聚焦到可盈利事业开源（聚焦到该阶段的正确执行战略），朝向达到跨过盈亏平衡点的生存期阶段目标。

威鹏创业团队重整救亡与节流开源的战略决策与阿里巴巴类似。从危机出现后的2013年开始，在创业阶段方面，创业团队将威鹏从成长早期阶段的亏损扩张市场，退回到生存期阶段追求盈利，改变战略方向，朝向生存期实现盈利的阶段目标。战略上通过分拆、垂直、整合，将企业发展为一个由多个单一事业公司组成的集团，包含下游的台湾广告平台单一事业企业、上游的广告平台系统软件开发与出租服务单一事业企业、大陆广告平台单一事业企业。然后威鹏退出了大陆广告平台市场，关闭了亏损的大陆广告平台单一事业企业，实现节流。威鹏保留聚焦到能盈利的台湾广告平台单一事业企业，以及可能盈利的上游广告平台系统开发与出租的软件级服务单一事业企业。聚焦到开发这两个企业的客户数量和渗透市场实现开源，朝向每个单一事业企业和整个集团跨过盈亏平衡点的生存期阶段目标。之后通过持续改善，广告平台系统软件级服务企业持续开发与增加大陆广告平台企业顾客数量，提高服务销售收入和利润。威鹏2013年建立香港移动广告平台企业，进入香港移动广告平台市场，当年度实现盈利。到2014年年底达到了生存期的阶段目标，2014年整个集团跨过盈亏平衡点，实现了盈利。之后威鹏集团进入成长早期阶段。

中国黄页的创业不成功不是因为没有按照创业阶段顺序执行，而是因为在生存期没有进行有效的资源转化，没有提早融资成功，使中国黄页缺少资本应对竞争者的低价竞争。中国黄页是按照决策期、孕育期、生存期的创业阶段顺序执行的，但是在生存期就被国企购并了，当时还没有达到生存期实现盈利的阶段目标。创业不成功是因为在1995年8月进入生存期，到1996年3月，没有早点利用新企业的商业化盈利潜力，向风险投资商进行股权溢价实现融资成功，没有大资本支持未来发展和应对竞争者的低价竞争。国企竞争者"西湖网联"在1996年1月进入，投入3亿元大资本。它模仿中国黄页的产品，采取同质化低价竞争，使中国黄页陷入了财务危机。马云被迫选择让中国黄页按照估值60万占股30%，被竞争者购并合并。

在创业不连续的情况下，保持定位不变，以团队保存产业

知识，创业者通过创新实现认知升级，保持产业知识的领先和异质性，具有再次创业的差异化条件

在中国黄页和中国商品交易市场的商业模式的基础上创立阿里巴巴，是一次重构转型升级的商业模式。在中国黄页和阿里巴巴的案例中，虽然马云经历了不连续的创业过程，包含前期的中国黄页被西湖网联购并、到北京外经贸部做网上中国商品交易市场的政府网站工程、之后创立阿里巴巴。但是马云的团队对产业的定位没有改变，都是用互联网提供信息，服务企业和商人。马云在各个阶段都担任总经理，团队保存了产业知识。马云在前期的基础上创新了产业知识，包含新的商业模式知识和产品服务知识，具有产业知识的领先性和异质性，使得在后期创立阿里巴巴时，具有差异化条件。后期是在前期的基础上进行转型升级。

（四）机理之三：配合创业阶段快速进行资源转化与生成

资源分为四类：财务资源、人力资源、实体资源、客户资源。

结论 1：要配合创业阶段快速进行四类资源的转化与生成。

（1）孕育期阶段将人力资源与财务资源转化成商业模式的实体资源和用户资源，达到孕育期阶段目标，显示出商业化潜力。（2）生存期早期产品上市使用或销售，能为用户或客户创造价值了，但是还不能盈利。生存期需要持续改善，或者需要重新导向与聚焦定位，找到转型或升级的商业模式、盈利模式和可盈利产品，再销售产品渗透市场和内部改善，产生利润。生存期阶段可以再细分为 4 个阶段：第一个阶段是在生存期融资，利用实体资源和用户资源显示的商业化潜力成功进行股权溢价融资，产生更多财务资源。第二个阶段是用财务资源转化成人力资源，取得下一阶段转型升级需要的高级人才，建立下一个阶段转型

升级需要的能力。第三个阶段是用人力资源和财务资源转化成实体资源。用高级人力资源和财务资源开发生成下一个转型升级的商业模式、盈利模式和可盈利产品，产生更好的实体资源。第四个阶段是销售出产品，产生更多付费客户资源，要达到生存期阶段目标：跨过盈亏平衡点，实现盈利。（3）后续过程商业模式要再转型升级，仍然可以分为上面的几个阶段。

　　分析 5 个案例可以发现，创业者第一或早期利用不明显的机会实现未来高成长的机理为：快速进行资源转化，扩增财务、人力、实体、用户等各类资源（如图 4 - 6 所示）。第一阶段在孕育期，开始时创业者以小团队、小资本第一或早期进入，有人力资源和财务资源。然后在孕育期经过创业团队利用机会研制商业模式和产品服务，将初始人力资源与财务资源转化为新企业的实体资源。在生存期的早期，产品服务上市以后为用户创造了价值，产生了逐渐增多的用户资源，创造出早期产品和事业的商业化盈利潜力。第二阶段在生存期的融资阶段，利用商业化盈利潜力，争取天使投资人或风险投资商的认同，获得高溢价股权融资，将实体资源的所有权出让一部分，转化为更多的财务资源，达到融资小阶段目标。融资成功实现了原始财务资本增值，取得的资金可以支持未来发展，同时能应对低价竞争，虽然稀释了一部分股份。第三阶段在生存期的人才取得阶段，利用资金取得高级技术人才和管理人才，扩大更新团队，将财务资源转化为人力资源，建立下一阶段转型升级需要的新能力。第四阶段是生存期商业模式完善阶段，要开发出盈利模式与可盈利产品。取得的高级人才要有开发能力。创业团队可能要从多个新产品方向，探索选择一个可盈利的产品，使企业具有盈利模式。这是一个战略重新导向与聚焦到可盈利产品与开发可盈利商业模式的过程。这个阶段用人力资源和财务资源生成新实体资源。第五阶段是生存期聚焦销售可盈利产品、渗透市场、产生利润的阶段。这个阶段用人力资源、实体资源转化成客户资源和财务资源，产生更高竞争优势，实现盈利。再最后进行下一轮阶段循环。

创业者越早进入新产业，越快进行资源转化，竞争者越晚进入，则可以在竞争者进入时，使新企业累积的创新异质的产业知识存量越大，商业模式和产品功能越好，差异程度越大，竞争优势程度越高，顾客规模越大。

1. 中国黄页分析结果与案例证据

中国黄页是一个证实资源转化理论的反面失败案例。在生存期因为没有融资成功，没有实现资源转化，导致创业不能持续到成功。（1）中国黄页从 1995 年 4 月创立到 1996 年 3 月，新企业经过了孕育期、生存期。当时有业务量年接近盈亏平衡，但是没有及时进行股权溢价融资，没有取得资金，没有将部分实体资源转化为财务资源。（2）1996 年 1 月到 3 月进行的垂直整合与遭遇大资本的国企竞争者的低价竞争，因为中国黄页不能短期盈利，资本小难以支持长时间低价竞争，无奈之下只能选择被国企竞争者购并收编。后来马云终止了创业，带部分团队成员去北京，成为一个建设国企网站的施工队。

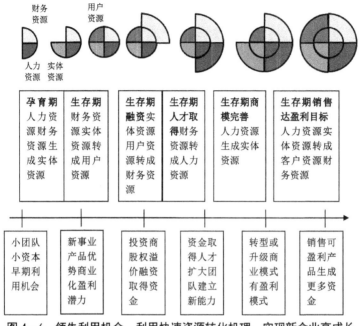

图4-6　领先利用机会、利用快速资源转化机理、实现新企业高成长

2. 阿里巴巴的分析结果与案例证据

阿里巴巴是一个证实资源转化理论的正面案例，也是一个在生存期阶段证实创业阶段理论的反面案例。在孕育期创造出商业化潜力，生存期的融资阶段实现融资成功，两个阶段都实现了资源转化。但是在生存期还没有实现盈利的阶段目标，就提早跨入成长早期进行国际化扩张，导致新企业危机。后来马云聘任了关明生担任运营长，用财务资源转化成人力资源。关明生将企业从成长早期阶段的国际扩张战略，拉回到生存期阶段。战略重新导向，一方面执行撤站裁员节流，另一方面聚焦销售可盈利产品开源。优先渗透浙江、广东两个市场，使新企业到2002年10月达到了生存期阶段目标，跨过盈亏平衡点并

实现盈利。用实体资源与人力资源转化成客户资源和财务资源。而后企业进入成长早期，实现盈利性高成长和创业成功。（1）阿里巴巴从1999年1月创业到5月建立了网站，达到了孕育期阶段目标，会员数增加，人气旺盛，有商业化潜力。用人力资源为和财务资源转化生成实体资源和用户资源。（2）1999年5月到7月，通过阿里巴巴商业化盈利潜力与分享股份吸引高级人才蔡崇信加入团队，担任财务长，为下一阶段融资建立能力，也要成立公司。这阶段用商业化盈利潜力和未来财务资源转化成新人力资源。（3）1999年10月与2000年1月阿里巴巴A、B两轮股权融资成功，达到了生存期融资阶段目标，高溢价融资2500万美元。用实体资源和用户资源转化成新财务资源。（4）2000年2月到2000年12月，阿里巴巴上市提供免费服务，但是还没有盈利模式和可盈利产品，处于生存期。2000年2月，阿里巴巴在没有达到生存期阶段目标之前，还没有实现盈利，就提早跨入成长早期阶段，提早大肆进行国际化扩张。企业在短期内成立了7个外国分公司与国内办事处，高薪增聘了许多外国高管，人员扩增到300多人。企业开发尝试了6种产品，但是都不能盈利。直到2000年10月阿里巴巴才开发出"中国供应商"的可盈利产品，才找到盈利模式。因为国际扩张持续烧钱，导致亏损与财务危机。这个阶段符合观点：新企业只有度过了持久盈利门槛关键节点（Vohora et al., 2004），达到了生存期跨过盈亏平衡点的阶段目标（朱沛，2015），才能进入下一发展阶段，否则就会遭遇失败的危机。（5）2000年5月，分享股份取得高级技术人才吴炯，用财务资源转化成人力资源，为下一阶段商业模式技术升级建立能力。（6）2000年10月到2002年10月，面对危机马云分享股份取得高级经营管理人才，聘任关明生担任运营长，为下一阶段重整与救亡图存建立能力。用财务资源转化成人力起源。（7）关明生将阿里巴巴从成长早期的扩张阶段，拉回到生存期阶段。同时实施两手战略。一方面实施撤站裁员的节流战略，另一方面实施建立盈利模式、聚焦到销售可盈利产品的开源战略。2002年10月达到生存期阶段目标，跨过盈亏平衡点，实现盈利。这阶段用人力资源、实体资源转化成客户资源、财务资源。（8）之后阿里巴巴进入成长早期，通过扩张市场，持续盈利性高成长。

3. 携程网的分析结果与案例证据

携程网也是一个既证实创业阶段理论，也证实资源转化理论的成功案例。（1）孕育期：1999年4月到5月，创业发起人季琦和梁建章吸引了风险投资人才沈南鹏和旅游企业经理范敏组成创业团队。沈南鹏为下一个融资阶段建立了能力，范敏为实体旅游网站发展建立了能力。6月团队成员投资100万元人民币，创建携程网。（2）1999年5月到1999年10月，携程网达到了孕育期阶段目标，新企业有商业化潜力。这一阶段用人力资源为和财务资源生成实体资源和用户资源。（3）1999年10月到12月，生存期达到融资阶段目标，经过A、B两轮融资成功取得500万美元。这一阶段用实体资源和用户资源转化成财务资源。（4）2000年1月到2002年，将主要业务转型扩大到酒店订房方向。这个过程是在生存期阶段探索盈利模式和可盈利产品，也是重新导向的过程。通过取得人才（吴海的团队），自建电话订房中心，将财务资源转化成人力资源，建立下一阶段的实体资源生成能力。购并现有的电话订房中心，将财务资源转化成实体资源和客户资源。（5）2000年10月，C轮融资成功，将实体资源与客户资源转化成更多财务资源。（6）在

2001年持续改善订房运营效率，到2002年2月公司开始盈利，跨过盈亏平衡点，达到生存期阶段目标。这阶段通过人力资源、实体资源生成客户资源、财务资源。（7）之后携程网进入成长早期，通过扩张市场，持续盈利性高成长。

4. 大疆创新的分析结果与证据

大疆创新也是一个既证实了创业阶段理论，也证实了资源转化理论的成功案例。（1）2005年到2006年，创业的孕育期达到阶段目标，产品有商业化潜力。这一阶段用人力资源和财务资源转化生成实体资源和用户资源。（2）2006年年底，在生存期的融资期，达到融资阶段目标，融资成功，用实体资源和用户资源转化成财务资源。（3）2007年年初到2008年上半年，企业一边上市销售，一边改善，达到生存期阶段目标，跨过盈亏平衡点，实现盈利。这一阶段用人力资源和财务资源生成实体资源、客户资源。（4）之后大疆创新进入成长早期，开始盈利性稳定成长。这一阶段用人力资源、实体资源生成用户资源和财务资源。

5. 威鹏的分析结果与案例证据

威鹏是一个在生存期阶段证实创业阶段理论的反面案例，也是在生存期阶段证实资源转化理论的反面不成功案例。（1）2008年年初到2009年年底是第一个商业模式建立与产品服务上市销售的孕育期、建立期、生存期阶段，商业模式的渠道窄和产品线窄，难以盈利，还要靠承包外面企业的信息化系统开发工程维持企业，商业化潜力不大。创业初期的三个阶段用人力资源和财务资源生成实体资源和用户资源，但是用户资源少。（2）2009年年底到2010年年初，生存期还没有跨过盈亏平衡点，因为商业化潜力不大，在初始资本用完后，只能从亲友那里融资到小额资本。这一阶段是用实体资源和用户资源转化成维持生存的财务资源。（3）2009年年底到2010年年初，通过提供股份吸引高级技术人才朱亮凯加入团队。这一阶段是用股份的未来财务资源转化成现在需要的新人力资源，为下一阶段升级到平台商业模式建立能力。（4）2010年年初到2010年10月，升级到移动广告平台系统的商业模式。2009年威鹏团队想到了做生活App或移动广告平台等多个方向，最终选择升级到移动广告平台。通过将威鹏的插件插入其他App中，利用其他App厂商的用户渠道发送移动广告。移动优惠券广告只占移动广告的十分之一，升级到移动广告平台的同时也扩大产品线，扩大到其他移动广告。生存期的这个阶段企业战略重新导向到升级的商业模式，再用人力资源和财务资源生成更好的实体资源和更多的用户资源。（5）2011年1月到2011年6月，进入大陆市场并溢价融资成功，达到融资阶段目标。这阶段是用实体资源和用户资源转化成为财务资源。但是融到的资金不够多，不够支持下一个阶段产业的低价竞争。（6）2011年7月到2012年，企业还在生存期，还没有跨过盈亏平衡点。进入大陆移动广告市场后，企业没有取得懂大陆广告产业营销的高级人才。这阶段没有将财务资源转化成懂中国广告市场营销的人力资源，没有建立下一个中国市场渗透阶段需要的营销能力。（7）2011年7月到2012年年底，企业还在生存期，还没有达到生存期阶段目标，没有实现盈利。企业在大陆市场烧钱扩张市场与销售渗透市场。同时投资升级大数据架构也在烧钱，未来还要往数据挖掘和决策支持系统升级。这一阶段大量竞争者进入产业，产业内企业的竞争激烈，陷入负毛利价格竞争。三者叠加导致威鹏亏损，资本小使威鹏无法长期应对产业的低价竞争。（8）2013年年初到 2014 年年底。在亏损与财务危机,以及资本不能支撑广告平台市场激烈竞争的条件下,为了发挥在移动广告平台系统的技术开发优势,砍掉在大陆移动广告平台市场对广告客户营销的短板和弱点,创业团队采取将威鹏公司垂直和水平分拆成多个单一事业公司,成为一个集团。然后重新聚焦到能盈利的事业实现开源,包含保留能盈利的台湾区移动广告平台公司,与中国大陆移动广告平台系统开发的软件级服务公司。关掉不能盈利的单一事业公司实现节流,砍掉中国大陆移动广告平台公司,退出了亏损的中国大陆移动广告平台市场。威鹏的中国大陆移动广告平台软件系统开发公司,之后授权给很多其他的移动广告平台公司,让他们使用威鹏的平台系统经营移动广告业务。2014 年威鹏达到了生存期的阶段目标,整个集团实现了盈利。

5. 多轮融资

要在生存期的不同阶段及早进行多轮融资。要利用前期创造的商业化潜力分阶段进行多轮股权溢价融资,既实现原始资本的增值,使资本充裕,也能满足后续阶段发展对资金的需要,也能较长时间支持企业提供免费或低价服务(主动发起价格战),阻止新竞争者的进入,也有资本应对产业的低价竞争,建立价格战阶段的动态能力。如果新企业没有融资到足够多的资本,不具有价格战阶段的短期动态能力,就不能熬过价格战,会遭遇失败。

(1)阿里巴巴在生存期成功进行了两轮高溢价股权融资,分别融资了 500 万美元、2000 万美元。融资成功实现了原始资本的增值,使资本充裕,既能满足后续阶段发展对资金的需要,也能较长时间支持企业提供免费服务,阻止新竞争者的进入。(2)

携程网在生存期进行了 3 轮溢价股权融资，分别融资了 50 万美元、450 万美元、800 万美元。（3）大疆创新在生存期进行了 1 轮股权溢价融资，融资了 9 万美元。（4）中国黄页在生存期没有融资成功，小资本支撑不了长时间低价竞争，不具有在价格战阶段的短期动态能力。（5）威鹏在生存期成功进行了 2 轮股权融资，分别融资了 200 万元人民币、700 万美元。但是威鹏融资的 700 万美元资本额偏小，小资本难以支持后期产业内的长期低价竞争，不具有在价格战阶段的短期动态能力。相比之下，竞争企业多盟到 2011 年 7 月已经融资到 1 300 万美元。2011 年 11 月进入中国市场的竞争企业 Inmobi 融资的资本达到 21 500 美元，是威鹏的 30 多倍。小资本最后导致威鹏的财务危机。

6. 取得多种需要的互补高级专业人才

阿里巴巴、携程网、威鹏的案例都显示，在融资成功后要分阶段从外部取得各种高级专业人才，建立下一个阶段需要的能力，使人力资源满足各阶段的需要，使企业平衡稳健发展。

三、结论

（一）创业机会研究结论

成为领导企业的高成长新企业的创业者在新兴产业萌芽浮现的极早期第一个进入，或者在早期进入创业阶段。创业者以小资本小规模团队利用早期不明显的机会取得未来高成长的机理是：率先或早期利用机会，可以早开发和升级产品服务，尽早向天使投资人或风险投资商进行高溢价股权融资，尽早取得人才、更新团队与建立新能力，尽早探索出商业模式的盈利模式和可盈利产品。

（二）创业阶段研究结论

1. 新兴产业创业要达到盈利，可能是一个长期的过程与大工程。创业过程可以划分为决策期、孕育期、生存期、成长早期的创业阶段。决策期的目标是要发现机会。孕育期要建立团队，研发商业模式与新产品服务原型，建立新企业运营系统。孕育期阶段目标是产品服务上市以后有商业化盈利潜力。生存期产品上市销售后，要全职能改善，探索完善的商业模式或转型升级商业模式，找出盈利模式和可盈利产品，销售产品、渗透目标细分市场。生存期阶段的目标是要实现盈利。成长早期要稳健扩张市场成长，阶段目标是增加利润和提高市场地位。

2. 要按照创业阶段顺序执行阶段应该的战略活动。要达到阶段目标后，再进入下一个阶段执行创业活动。如果还没有达到这一个阶段目标，就不应该过早进入下一个阶段，执行下一个阶段的活动。否则会使企业产生失败与危机。例如，在决策期没有识别出机会，会在执行阶段使创业失败。在孕育期没有达到阶段目标，没有商业化潜力，会难以在生存期使高溢价股权融资成功。在生存期没有达到阶段目标，没有实现盈利时，过早进入成长早期，扩张市场，会导致企业的危机与失败。正确稳健的生存期阶段战略应该是：生存期要持续改善，甚至要数次转型升级商业模式，直到达到阶段目标，实现盈利。之后再进入成长早期阶段，扩张市场、扩大销售、扩大盈利。

3. 如果实际在生存期阶段，还没有达到生存期实现盈利的阶段目标。但是发生了跳过生存期，过早进入成长早期阶段，扩张市场。会产生新企业实际的战略执行活动与此阶段的战略执行活动不适配的错误，会达不到甚至与阶段战略目标背道而驰，会产生企业危机。

4. 在产生危机后，化解危机与重整救亡的战略是：要从成长早期阶段退回到生存期阶段。战略一方面要去除无效与不盈利的事业和活动，实现收缩节流。另一方面要探索出盈利模式和可盈利产品，重新导向聚焦到可盈利事业，销售可盈利产品实现开源，朝向实现盈利的生存期阶段目标。

（三）资源转化的研究结论

要在每个创业阶段快速进行资源转化，使新企业保持资源平衡发展。新企业要利用前期创造的有利条件进行多轮融资，融资后要取得各种互补高级人才。保持财务资源和人力资源充裕平衡。新企业如果能发展优势到新兴产业成长期阶段，则可以获得高成长，可能成长为领导企业。发现创业阶段与资源转化机理，对创业机会开发理论有贡献。

第三节 实现高成长机理——转型升级商业模式、取得高级人才、建立动态能力

利用新兴产业早期机会，持续进行商业模式创新，建立动态能力能使新兴产业创业成功与高成长。本研究将创业过程划分为阶段，针对生存期阶段中商业模式创新的大阶段。研究问题为：什么原因使新企业要进行商业模式创新？采用案例研究方法研究了5个新兴产业创业案例，得出结论：（1）在生存期可能要经过数次商业模式的转型升级，建立第二个甚至第三个转型升级的商业模式，才能达到生存期实现盈利的阶段目标；（2）如果原有的商业模式出现了规模报酬递减的现象，企业的内部条件和外部环境已经发生了改变，出现了新的机会，则新

企业需要利用机会重构商业模式，创造新优势，加快创业成功与成长。（3）商业模式重构的困难与风险比较大，在资源有限的条件下，决策的困难度较大；（4）如果商业模式重构的执行难度大，现有团队缺乏下一阶段需要的能力，则需要从外部取得高级人才，建立下一阶段需要的新能力，建立短期动态能力。研究短期动态能力建立，以两个相邻阶段为分析单元，特别要针对团队缺乏下一个阶段需要的执行能力的阶段。研究问题为：创业团队如何建立下一个阶段需要的短期动态能力？采用案例研究方法研究了 5 个新兴产业创业案例，得出结论：如果创业团队没有下一阶段需要的能力，应该先从外部取得高级专业人才，建立下一个阶段需要的能力，具有短期动态能力，才能顺利达到下一阶段目标。本研究结果对动态能力理论、企业成长理论、商业模式理论、战略理论有贡献作用。

一、研究现象与问题：如何转型升级商业模式，建立动态能力？

新兴产业创业成功与实现高成长可能需要经过多个阶段，完成整个过程可能是一个长期的大工程。在较长期的过程中，内部资源和外部环境条件可能发生改变，对新企业产生了机会或威胁。新企业可能需要转型升级商业模式，适应环境改变，利用机会提高竞争优势，加快创业成功与成长。假设初期的商业模式不一定能使新企业盈利，不一定能适应创业几年后的内部和外部条件，则在创业几个月到几年后的生存期可以提出研究问题：在什么条件下要转型升级商业模式？商业模式转型或升级的目的是什么？转型升级商业模式是什么性质的创业活动？过程包含哪些阶段？与动态能力有什么关系？本研究采用案例研究方法，探索新兴产业创业案例，解答上述问题。

　　初始创业团队可能不具有完成整个创业过程所需的各种能力，可能不具有各个创业阶段需要的短期动态能力。过去关于动态能力的量化研究，测量一个时间点企业的动态能力对未来一段期间绩效的影响，但是没有研究创业过程。过去关于动态能力的案例研究没有将过程划分出阶段，没有揭露出动态能力建立和作用的机理。本书认为，关于动态能力影响创业成功和高成长的研究，需要将创业过程划分出阶段。创业团队的长期动态能力是由每一个阶段的短期动态能力累积而成的。在一个阶段通过识别下一个阶段的机会，进行战略更新与建构新商业模式的决策，再建立下一个阶段的能力，能达到下一个阶段目标，可以显示出新企业建立了短期动态能力。本研究将创业过程划分为阶段。特别针对创业团队在某一个阶段识别了下一个阶段的机会，但是团队缺乏执行下一个阶段需要的能力，以这两个相邻阶段为分析单元。研究问题为：创业团队如何建立下一个阶段需要的短期动态能力？本研究采用案例研究方法，研究两个相邻的阶段之间的转变，包含识别机会进行战略更新，下一阶段要转型或升级的新商业模式，如何建立下一个阶段转型升级需要的新能力，建立短期动态能力。累积各阶段成功可以实现创业成功与高成长，显示出创业团队有长期动态能力。研究目的是揭露出创业过程中建立动态能力的机理，建立新兴产业创业实现新企业创业成功与高成长的理论。

二、文献回顾

　　下面回顾商业模式与动态能力文献，关于创业阶段文献，请读者阅读第二节的文献回顾。

（一）商业模式

Colvin（2001）指出，商业模式是一个企业如何赚钱的方式，其显示出价值创造逻辑。魏炜和朱武祥（2009）指出，商业模式是企业的一种运营模式，也是利益相关者的交易结构，其中包含价值创造逻辑。魏炜和朱武祥（2009）指出，商业模式包含定位、业务系统、关键资源能力、盈利模式、现金流结构、价值主张的六个要素。奥斯特瓦德、皮尼厄（2011）提出了一个商业模式画布，包含客户细分、客户关系、渠道通路、价值主张、关键业务、重要合作伙伴、核心资源、成本结构、收入来源的九个成分。本书认为，由于每一个企业的商业模式都有这些要素与成分，但是每一个企业的具体商业模式又都是不同的。因此简单说，商业模式就是一个企业简化的运作模式。

重构商业模式就是当内部条件与外部环境发生了变化，产生了新机会，创业团队从上一个阶段的商业模式，创新重构成下一个阶段转型升级的新的商业模式。魏炜和朱武祥（2009）指出创业的起步阶段是一个创新重构商业模式的时机，在成长过程中的规模报酬递减阶段也会发生创新重构商业模式。笔者认为，在创业过程中研究商业模式，特别要关注商业模式创新重构对实现创业成功与高成长的影响。

（二）动态能力

Teece（1997）、Eisenhardt（2000）提出动态能力概念解释企业保持长期优势和成长。静态的实质能力（运营能力）是解决一种产业问题产生产品服务结果的能力（Zahra,2006），是零阶低层次能力。动态能力是为了在环境动态变化中应对与快速适应，企业能快速地识别和利用机会，对内部和外部资源进行整合、构建、重组的动态过程（Teece，2016）。是能够快速创建新实质能力的能力，也就是能改变作为竞争优势基础能力的能力，是高于企业普通管理能力的高层次能力，是企业难以模仿的独特资源。动态能力包含搜索、洞察、选择环境机会能力、组织柔性能力、学习能力、吸收整合能力、变革重构与创新能力几个成分。Teece 指出动态能力包含了机会识别、机会抓取、机会转化三个阶段。白景坤（2014）探讨了持续利用机会发展动态能力产生持续竞争优势的机理。指出新企业立足于现有资源的位置优势，发现利用机会与重构资源进行改变，创造暂时的竞争优势，然后再进入下一阶段利用机会创造暂时新优势的过程。杜小民、葛宝山（2015）提出了发展动态能力的机会和资源的相互匹配能力。张利斌（2010）指出，企业家和高层管理团队才是企业动态能力的本源，动态能力在很大程度上依赖于创业者个人的动态能力强弱（符惠明，2014），显示出动态能力与创业者、团队结合的趋势。

　　学者已经研究证实了动态能力对创业绩效有影响（张凤海，2013；刘烨，2013；蒋丽，2012；董保宝，2011；刘井建，2011；胡望斌等，2009；焦豪等，2008）。陈凯凯（2018）指出，过去关于动态能力的主要的量化研究，测量一个时间点企业的动态能力对未来一段期间绩效的影响关系。这些量化研究忽视了动态能力贯穿企业经营过程的本质，不能从创业过程角度研究出为什么创业者能发展出动态能力，研究结果对动态能力影响创业绩效的作用机理不清晰。陈凯凯（2018）采用案例研究动态能力，包含了从外部环境的机会识别到捕获，再到开发机会的动态全过程，也包含了战略更新与建立新商业模式，但是没有将过程划分出阶段。

　　笔者认为，动态能力研究要将创业过程划分为阶段。动态能力可以区分为长期动态能力与短期动态能力。短期动态能力是指创业团队在某一个阶段有对下一个阶段的战略方向和商业模式重构方向的决策能力，能够建立下一个阶段需要的执行能力，执行后能达到阶段目标。创业团队在每一个阶段都有短期动态能力，能穿越各个创业阶段，实现创业成功与高成长，具有长期动态能力。短期动态能力研究的分析单元是两个相邻的阶段。因为动态能力是组织拥有的，因此当创业团队没有下一个阶段需要的能力时，特别需要研究创业团队如何建立下一个阶段需要的新能力，建立短期动态能力。

（三）战略更新

战略更新也称为战略变革，是企业为取得或者维持竞争优势而采取的战略变革，包括对企业的战略方向目标、结构流程、内容和结果方面的更新或改变。企业进行战略更新的原因主要来自新技术的产生、环境发生变化、产品和服务方面发生变化、组织结构和规模发生变化，导致企业通过战略转型来利用机会或者规避威胁。

Teece（2017）指出战略、商业模式、动态能力是相互依赖的。战略更新会导致企业放弃旧的商业模式，通过重组资源产生出新的商业模式，在市场上创造和维持竞争优势。目前没有结合创业阶段、机会、商业模式、动态能力、创业者与团队的研究。本书认为，动态能力是指在战略更新和商业模式创新阶段，企业能够在改变的前一阶段识别机会，能够在改变之前建立执行改变需要的新能力，能执行这种改变，达到改变后的阶段目标，具有短期动态能力。未来研究需要结合创业阶段、机会、团队更新、动态能力建立、战略更新、资源能力重构与商业模式创新、实质能力改变。

三、案例研究方法和案例故事（见本章第一节）

四、商业模式案例资料分析

（一）商业模式案例资料分析结果

结论1：在生存期可能要经过数次商业模式的转型升级，才能达到生存期实现盈利的阶段目标。存在以下两类情况：（1）执行第一个商业模式就可以实现盈利和扩张成长。在这类情况下，孕育期、生存期、成长早期都是第一个商业模式的执行阶段；（2）在生存期阶段中间，第一个商业模式不能达到生存期实现盈利的阶段目标，需要建立第二个甚至第三个转型升级的商业模式。因此生存期可能包含了建立第二个甚至第三个转型升级的商业模式的大阶段。（阿里巴巴、携程网、威鹏的案例有证据）

结论2：每个商业模式大阶段中包含各个细分创业阶段，就是包含决策期、孕育期（更新团队、研发产品、建立运营系统）、生存期（产品上市、改善运营、销售渗透细分市场、产生收入与利润）。（阿里巴巴、携程网、威鹏的案例有证据）

结论3：如果原有的商业模式出现了规模报酬递减的现象（魏炜等，2009），企业的内部条件和外部环境已经发生了改变，出现了新的机会，则新企业需要利用机会重构商业模式，建立下一个转型升级的新商业模式。（阿里巴巴、携程网、威鹏的案例有证据）

结论4：重构商业模式是一种适应变化的大幅度改善活动。可以创造新优势，加快创业成功与成长。创新重构转型升级的商业模式和产品服务，是一种适应环境变化，大幅度创新重构商业模式的系统改善，它们与小幅度渐进改善都属于生存期的

改善活动。（阿里巴巴、携程网、威鹏的案例有证据）

结论 5：可能商业模式重构的困难与风险比较大，在资源有限的条件下，决策的困难度较大。（威鹏案例有证据）

结论 6：如果商业模式重构的执行难度较大，则需要取得高级人才，或购并竞争企业，或建立合作联盟关系，建立短期动态能力。（中国黄页、阿里巴巴、携程网、威鹏的案例有证据）

（二）5 个案例的证据

1. 中国黄页的商业模式

中国黄页的商业模式可以分为以下几个阶段：（1）与美国西雅图互联网公司合作销售用中文广告稿和一张图片定制英文版网页广告，并且在互联网上展示广告的服务；（2）李琪加入中国黄页团队后，进入垂直整合阶段，自己开发运营中国黄页网站，停止了与美国公司合作的阶段；（3）被国企竞争者购并合资阶段。

2. 阿里巴巴的商业模式

阿里巴巴的商业模式可以分为以下两个阶段：（1）第一个商业模式阶段，提供免费产品服务用户。网站为买卖两方的商人提供免费信息交流服务的阶段，目的是渗透市场，聚集流量，创造未来商业化盈利潜力，同时阻止竞争者进入。这阶段没有盈利模式和可盈利产品；（2）第二个商业模式大阶段：增加提供增值服务给愿意付费的客户，实际上也是找出了第一个商业模式的盈利模式和可盈利产品。阿里巴巴在 2000 年年底生存期的中间阶段，在网站会员用户已经达到一百万的条件下，将用户区分为只需要免费服务的普通用户，需要增值服务的愿意付费的客户。开发了收费能盈利的中国供应商增值服务产品，对高度依赖阿里巴巴网站需要增值服务的客户销售收费的中国供应商产品。在生存期中,阿里巴巴商业模式改变,找出了盈利模式和可盈利产品。在第二个商业模式大阶段中,包含了机会识别,产品服务开发(类似孕育期),商业模式的实体资源建设,企业运营,产品服务上市销售,渗透市场,实现盈利的各个细分阶段。

3. 携程网的商业模式

携程网的商业模式可以分为以下两个阶段:(1)网站为旅游人群提供免费旅游信息服务,渗透市场,聚集流量,创造未来商业化盈利潜力,这阶段没有盈利模式和可盈利产品;(2)第二个商业模式大阶段:增加网上酒店订房服务和订房中心的电话订房服务,实际上也是找出了第一个商业模式的盈利模式和可盈利产品。在网站会员用户增加的条件下,找出了为旅游人士提供酒店订房的服务,旅客可以在网上订房或利用订房中心的电话订房服务。

4. 大疆创新的商业模式

大疆创新的商业模式就是制造企业的研发、制造、销售商业模式。因为单旋翼遥控直升机产业已经分工细化了,因此大疆创新在第一阶段孕育期只需要研发、制造、销售遥控单旋翼无人直升机的有自动悬停功能的飞控系统。也可以购买零部件,销售组装好的有自动悬停功能的遥控无人直升机。在第二阶段生存期,企业进行研发、制造、销售第一代成熟的无人直升机的有自动悬停与按照导航飞行功能的飞控系统,也可以销售整台无人直升机。大疆创新在第一代成熟的飞控系统和图像传输系统研发完成后,产品上市销售就实现了盈利,达到了生存期阶段目标。进入成长早期后,大疆创新又研发了保持摄像镜头稳定的云台,之后再转型进入四旋翼无人直升机。

5. 威鹏的商业模式

威鹏在商业模式转型升级方面,经历了5个商业模式大阶段,才达到生存期阶段目标,跨过盈亏平衡点与实现盈利:移动优惠券广告系统、移动广告平台系统、台湾与大陆跨地区的商业模式、大数据架构与决策支持系统、拆分成单一事业公司构成的集团再重新聚焦到可盈利的单一事业公司的商业模式。

威鹏的创业阶段如下:第一个商业模式的台湾市场决策期,发现机会。孕育期建立团队与企业,研发移动优惠券广告系统。在第一个商业模式渗透台湾市场的生存期,也包含了第二个转型升级商业模式的大阶段。细分阶段包含决策期发现升级成为移动广告平台的机会;融资取得资金;取得人才建立升级到移动广告平台的技术能力;执行系统升级成移动广告平台;在台湾销售移动广告服务,达到了生存期阶段目标,跨过盈亏平衡点,实现盈利。之后进入成长早期。在第二个商业模式转型升级期之后,紧接着是进入大陆市场的第三个国际化商业模式(包含孕育期、生存期早期融资)。之后在大陆市场跳过生存期,过早进入成长早期(扩张市场、升级大数据架构、产业低价竞争)与导致危机期。因危机导致退回到生存期阶段的企业重整救亡期,拆分垂直整合企业成为单一事业公司构成的企业集团。保留盈利的台湾广告平台企业,保留可盈利的广告平台系统开发与出租软件级服务企业,砍掉关闭亏损的大陆广告平台企业。之后持续改善,广告平台系统软件级服务企业持续开发与增加大陆广告平台企业顾客数量,增加服务收入和利润。台湾移动广告平台企业持续盈利,进入香港移动广告平台市场并实现盈利。之后威鹏集团达到生存期阶段目标,跨过盈亏平衡点,实现盈利。之后威鹏集团进入成长早期。

五、动态能力案例资料分析

（一）动态能力案例资料分析结果

结论一：决策正确，短期动态能力第一要求，在创业过程中的各个商业模式大阶段的决策期，创业团队的决策正确。创业团队要在多个机会和方向中选对机会和方向，能发现转型升级的新机会，构想出新的商业模式和产品服务。或者短期动态能力第一要在下一个资源转化小阶段的决策期，创业团队能发现机会，做到决策正确。（阿里巴巴、携程网、威鹏的案例有证据）

结论二：取得高级专业人才，或购并新事业部的现有竞争企业，或建立合作联盟关系，建立下一个阶段需要的新能力，建立短期动态能力。短期动态能力第二要在更早的阶段取得高级专业人才。或者当创业团队没有下一阶段需要的执行能力时，要在执行期早期通过取得高级专业人才，更新团队，建立下一阶段需要的新能力，建立短期动态能力。下一个阶段执行后能达到阶段目标，再进入下一个阶段。（阿里巴巴、携程网、威鹏的案例有证据）

创业团队在某个阶段没有下一阶段需要的能力，如果没有先取得高级专业人才，没有建立下一个阶段需要的能力，就不能度过下一阶段，达不到阶段目标，会产生危机。（威鹏的案例有证据）

（二）5个案例的证据

1. 中国黄页动态能力证据

中国黄页在第一个商业模式的早期，采取聚焦加联盟的战略。因为马云没有互联网技术和运营知识的能力，采取与美国西雅图的互联网公司建立合作联盟，建立商业模式中需要的网站开发技术和运营能力。马云在决策期阶段在美国发现了中国黄页的互联网创业机会，与美国公司合作，由美国公司运营网站，建构了商业模式与产品服务。在孕育期阶段，马云建立了小团队，投资小资本创立中国黄页。

中国黄页在生存期没有独立创业成功是因为：（1）没有早点取得技术人才，实现自营网站和服务差异化。（2）没有在生存期利用商业化盈利潜力高溢价股权融资成功，跨不过同质化价格竞争的阶段。生存期从 1995 年 5 月经营到年底，销售收入达到 100 万元人民币，接近盈亏平衡。（3）中国黄页太晚取得技术人才李琪，使中国黄页的网站服务创新缓慢，竞争者进入后容易陷入同质化竞争。（4）在生存期中国黄页已经有商业化潜力，但是马云没有向外部投资商股权溢价融资成功，没有取得大资本。从 1996 年 1 月到 3 月大资本进入的国企"西湖网联"采取同质化低价竞争，因为中国黄页的小资本承受不了长期价格竞争，只能被迫选择被竞争对手合并成新的中国黄页。一年半以后，马云与大股东分裂，终止了创业。

2. 阿里巴巴动态能力证据

在阿里巴巴的案例中，在四个前后相邻的阶段取得了高级人才，建立了短期动态能力。四个相邻阶段与高级人才包含：融资前小阶段聘请蔡崇信担任财务长，下一阶段蔡崇信帮助马云使高溢价股权融资成功。融资后升级系统前的小阶段聘请吴炯担任技术长，下一阶段吴炯将阿里巴巴信息系统升级。危机后阶段聘请关明生担任运营长，下一阶段关明生帮助阿里巴巴重整救亡与扭亏为盈。在销售可盈利产品渗透市场前阶段聘请李旭辉担任销售副总裁，下一阶段李旭辉帮助阿里巴巴在销售上面取得成功。

（1）阿里巴巴在生存期早期，已经显示出未来商业化盈利潜力时，原始创业团队没有融资能力。通过聘请高级财务人才蔡崇信加入团队，为下一阶段融资建立能力。之后实现高溢价股权融资成功。A. 阿里巴巴从创业到孕育期结束，达到了孕育期阶段目标，产生了网站系统的实体资源。1999 年 3 月网站上线提供免费服务。5 月用户资源增加，此时进入生存期早期，虽然还不能盈利，但是网站实体资源和大量用户资源显示新企业未来有商业化盈利潜力。但是财务资源消耗光了，财务资源不平衡，使下一阶段要融资。B. 在生存期早期的融资前阶段，马云谈了 30 多家投资商都没有成交，显示初始团队缺乏高溢价股权融资能力。人力资源不平衡，要先取得有融资专业能力的高级人才。C. 在融资前，5 月蔡崇信考察阿里巴巴，看出了企业未来的商业化盈利潜力，后来他自荐加入阿里巴巴。7 月马云利用商业化盈利潜力和提供股份，取得了高级财务人才蔡崇信担任财务长，建立了下一阶段需要的股权融资新能力，建立了短期动态能力。D. 10 月蔡崇信帮助阿里巴巴融资成功，达到了融资阶段目标。阿里巴巴 A 轮向 5 家风险投资商高溢价股权融资成功，融资 500 万美元，出让 40% 的股份。融资后阿里巴巴的原始 50 万元的投资在 9 个月的时间里增值了 105 倍以上。2000 年 1 月蔡崇信帮助阿里巴巴在 B 轮向日本软银高溢价股权融资成功，融资 2000 万美元，出让 20% 的股份。融资后阿里巴巴的原始 50 万元的投资在 1 年的时间里增值了 600 倍以上。

（2）阿里巴巴融资成功后，下一阶段需要升级成为世界级互联网企业系统，创业团队缺乏技术升级的新能力。通过取得高级技术人才吴炯加入团队，为下一个阶段系统升级建立新能力，也是建立短期动态能力。之后技术系统升级成功。1999 年

1 月阿里巴巴融资成功以后，下一个阶段企业要发展成为世界级的互联网企业，要扩大服务升级技术系统，现有的实体资源不平衡，要升级实体资源。早期的创业团队缺乏技术升级成为世界级互联网企业的能力，人力资源不平衡，要先取得有技术升级能力的高级人才。2000 年 5 月，马云从雅虎挖走了高级技术人才吴炯，为下一阶段网站技术升级建立了新能力，建立了短期动态能力。

（3）阿里巴巴在危机产生后，创业团队没有下一阶段需要的扭亏为盈、重整救亡的能力。通过取得高级经营管理人才关明生，为下一阶段重整救亡、战略重新导向与度过生存期建立了新能力，也是建立了短期动态能力。A. 2000 年 9 月到年底，在国际扩张产生危机后，财务资源消耗很大，财务资源不平衡。企业规模与范围很大，人员多费用高，没有盈利，实体资源不平衡。下一阶段需要重整救亡、节流开源、扭亏为盈。B. 在阿里巴巴危机期阶段，2000 年 10 月，阿里巴巴团队发现了机会，开发了"中国供应商"的可盈利产品，找出了盈利模式。C. 当时的创业团队没有重整救亡与扭亏为盈的能力，人力资源不平衡，需要先取得能够重整救亡、节流开源、扭亏为盈的高级经营管理人才。2001 年 1 月，马云取得了高级管理人才关明生加入创业团队，为下一个阶段重整救亡建立了新能力，也是建立了短期动态能力。D. 关明生做出了退回到生存期与实施扭亏为盈的战略决策。战略一方面收缩节流，将不盈利的外国分公司网站撤站裁员，收缩无效的实体资源实现节流，减缓财务资源流失。另一方面将现有的外部用户分类为：需要增值服务的愿意付费客户；只需要免费不需要增值服务的普通用户。战略重新导向与聚焦到对前一类客户销售中国供应商的收费可盈利产品，为他们提供增值服务，产生收入和利润，实现开源与增加财务资源。

（4）阿里巴巴在销售大战前取得销售专业人才李旭辉，为下一阶段销售可盈利产品渗透市场建立了能力。之后达到生存期阶段目标，跨过盈亏平衡点。在战略聚焦后，下一阶段要执行销售大战，当时团队的销售能力较弱，需要先取得有营销能力的人才。阿里巴巴在之前取得了高级营销人才李旭辉，为下一阶段销售大战建立了能力。在销售大战期间，李旭辉担任中国供应商副总裁，先负责华东地区，后来负责全国。市场销售打开后，收入利润持续提升。2002 年 10 月，阿里巴巴达到生存期阶段目标，跨过盈亏平衡点，实现盈利。

3. 携程网动态能力证据

携程网案例中，在两个前后阶段取得了高级人才，建立了短期动态能力。两个前后阶段包含：孕育期建立团队阶段，梁建章自己是高级运营人才，季琦是创业人才，再取得融资高级人才沈南鹏、旅游高级人才范敏。在商业模式转型到酒店订房服务阶段，取得电话订房中心高级经营人才吴海，之后购并竞争对手。

（1）孕育期通过取得多种高级人才，建立完整团队，为之后的网站建设阶段、融资阶段、运营改善阶段建立了需要的能力。梁建章和季琦在创业决策期从多个机会中选择了开发旅游网站的机会，建构了第一阶段的商业模式。发起创业的 ERP 专家梁建章与连续创业者季琦，取得了财务融资高级人才沈南鹏和高级旅游经营人才范敏，组成完整的 4 人创业团队。季琦为创业阶段建立了能力。范敏为未来的旅游网站建设发展建立了能力。沈南鹏为各阶段融资建立了能力。梁建章的 ERP 建设和分析技术，为运营改善阶段建立了能力，使携程能够达到生存期阶段目标，跨过盈亏平衡点，实现盈利。持续改善酒店订房服务运营效率，创业团队投资了人力资源和财务资源。

（2）生存期在商业模式转型之前，取得新业务高级管理人才，为下一阶段转型建立了能力。携程网站上线后，创业团队在酒店订房、卖门票、卖旅行团的多个机会与方向上，发现了酒店订房的机会，做出了建立网上订房和电话订房中心的盈利模式的决策。携程转型到酒店订房服务后，创业团队能够建立网上订房服务业务，但是团队没有建立和经营电话订房中心的能力。携程团队与商之行电话订房中心的吴海总经理接触时，商之行每个月有3万多间夜，携程的网上订房服务每个月只有900间夜，但是携程网更有发展潜力。2000年3月8日，携程取得电话订房事业的高级经营人才吴海和他的团队，建立了下一阶段需要的能力。然后吴海团队建立了携程自己的电话订房中心，对竞争者现代运通电话订房中心公司形成了威胁，使现代运通接受了被携程购并的战略方案。并购成功使携程成为国内规模最大的酒店订房服务企业，有助于跨过盈亏平衡点，实现盈利。

4. 大疆创新动态能力证据

在收集的大疆创新二手案例资料中，缺乏不同阶段新技术人才取得的案例资料。二手案例资料中只描述了取得了财务人才和营销人才。

大疆创新的创业者汪涛是将传统遥控直升机，利用卫星定位、电子指南针等新技术，升级到消费级自动航行的无人直升机新兴产业极早期第一个进入的技术专家。在决策期，汪涛做出了利用全球卫星定位、电子指南针等新技术，开发遥控直升机飞控系统的自动悬停功能的决策。从孕育期研发出遥控直升机飞控系统的自动悬停功能开始，后续一直保持技术领先的优势。从自动悬停功能的领先，延伸到单旋翼无人机飞控系统技术的领先和图像传输技术的领先。再延伸到率先开发航拍摄像机的云台，并保持技术领先。再利用单旋翼无人直升机飞控技术优势，转型到研发四旋翼无人直升机和飞控系统，并且在不久实现了技术领先。大疆创新在取得互补技术和研发互补技术时，是否也取得了互补高级技术人才，在收集的二手资料中缺少这部分资料，因此没有验证但是不能否定本研究的理论发现。

大疆创新在 2006 年年底，是一个缺少资金的小公司时，获得了大疆家族的世交陆迪投资 9 万美元，并取得了陆迪担任财务长。2010 年大疆的中学好友谢嘉投资大疆创新，并开始负责大疆创新的营销。

5. 威鹏动态能力证据

威鹏的案例中，在两个前后相邻阶段取得了高级人才，建立了短期动态能力；在大陆市场扩张与销售阶段没有取得高级人才，没有建立短期动态能力，使企业产生了危机。两个前后阶段与取得的高级人才包含：（1）从用自制 App 发送移动优惠券广告系统，升级到利用很多外部 App 渠道发送移动广告的平台系统的阶段前，取得大型系统开发高级人才朱亮凯。（2）融资成功后，在升级到大数据架构前的阶段，取得大数据高级人才 Steven。（3）在生存期大陆移动广告市场销售阶段，没有取得大陆本土高级广告人才，没有建立短期销售动态能力，使得威鹏在大陆的销售不成功，没有达到盈利的生存期阶段目标，产生了危机。

转型升级到移动广告平台阶段取得高级技术人才，为下一阶段升级建立了短期动态能力。在 2009 年中，创业团队从多个方向中发现和选择升级到移动广告平台的机会。2009 年底，共同创业者黄俊杰提议要集中资源利用这个机会，使团队做出正确决定。2010 年年初在生存期阶段，因为团队没有开发大型移动广告平台系统的能力，因此在系统升级前需要取得高级技术人才，为下一阶段升级建立能力。黄俊杰用分享股份的方式取得了高级技术人才朱亮凯加入团队，为下一个阶段建立升级到移动广告平台系统的商业模式建立了新能力。朱亮凯帮助威鹏成功升级到百万级用户同时在线的高并发低延迟大型广告平台系统。

升级到大数据架构阶段，取得大数据高级技术人才，为下一阶段升级建立了短期动态能力。威鹏在 2011 年 7 月融资成功后，决定在大陆扩张市场，同时升级到大数据架构。威鹏一方面要在系统技术方面向大数据架构升级，未来朝向决策支持系统的方向升级发展。当时团队没有大数据人才，不具有下一阶段需要的能力。创业者从趋势科技公司取得了能开发 hadoop 大数据架构的高级人才 Steven，为下一阶段升级到大数据系统建立能力。但是升级大数据很花钱，使企业的财务资源快速消耗。

大陆移动广告市场销售阶段早期，没有取得大陆本土广告营销高级专业人才，没有建立短期动态能力，没有达到生存期实现盈利的阶段目标，没有越过这个阶段。在 2011 年 7 月融资成功后，决定在大陆扩张市场。在大陆市场销售前阶段，威鹏团队没有懂大陆广告市场的高级营销人才，也没有取得这类人才，没有建立下一个阶段需要的营销能力，没有建立短期动态能力。使得威鹏在 2012 年下一阶段扩张市场的销售大战中，销售队伍找不到门路，在大陆市场无效乱打。使威鹏产生的费用高且收入低，没有实现盈利。最后在大陆的扩张市场没有成功，亏损产生了危机。

在危机后威鹏团队做出了重整决策，团队有重整执行能力，因此没有从外部取得高级管理人才。在中国大陆的广告市场产生经营危机后的第一个阶段，威鹏是一个开发移动广告平台系统，也在移动广告平台市场经营的垂直整合公司，也是一个跨台湾和中国大陆两个市场的国际化企业，但是企业整体是亏损的。在下一个阶段的决策期，创业团队讨论后做出了重整救亡开源节流、扭亏为盈的企业重构决策。将威鹏公司拆分成由单一事业公司组成的集团，再关闭亏损的单一事业公司，聚焦到能盈利的单一事业公司组成的集团。2013年重整，2014年整个集团实现了盈利。

六、结论

（一）商业模式研究结论

1. 在生存期可能要经过数次商业模式的转型升级，建立第二个甚至第三个转型升级的商业模式，才能达到生存期实现盈利的阶段目标。

2. 如果原有的商业模式出现了规模报酬递减的现象，企业的内部条件和外部环境已经发生了改变，出现了新的机会，则新企业需要利用机会重构商业模式。

3. 重构商业模式是一种大幅度的改善活动，可以提高竞争优势，加快创业成功与成长。

4. 商业模式重构的困难与风险比较大，在资源有限的条件下，决策的困难度较大。

5. 如果商业模式重构的执行难度较大，则需要取得高级人才，建立短期动态能力。

（二）动态能力研究结论

1. 短期动态能力第一要求，在创业过程中的各个商业模式大阶段的决策期或资源转化的小阶段的决策期，创业团队要发现机会，决策正确。

2. 如果创业团队在某个阶段没有下一阶段需要的执行能力，要从外部取得高级专业人才加入团队，或购并竞争企业，或与伙伴企业建立合作联盟关系，建立下一个阶段需要的新能力，建立短期动态能力。执行后能达到下一个阶段目标，再进入下一个阶段。

3. 假设创业团队在某个阶段没有下一阶段需要的能力，如果没有先取得高级专业人才，没有建立下一个阶段需要的能力，没有建立短期动态能力，就达不到下一个阶段目标，会产生危机。

4. 企业在各个阶段都建立了短期动态能力，就能够穿越多个阶段，最终实现创业成功与盈利性高成长，具有长期动态能力。

第五章 创业机会对产品属性、竞争优势及利润的影响——上游新组件形成的创业机会研究

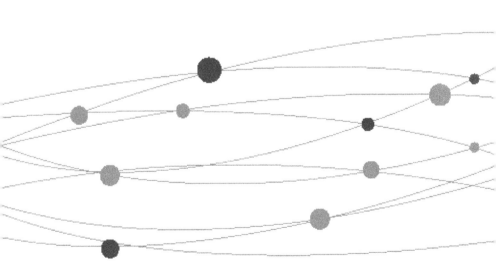

本章选择相同产业成长期和技术改变期，利用上游新组件形成的机会创业的类型，研究哪些机会因素产生差异化后的产品属性、竞争优势、利润。采用案例研究方法，建立了"创业机会—产品竞争力属性—优势—利润"的理论模型，结果发现，初始创业机会的价值由四个变量构成：（1）上游新组件有价值的差异程度；（2）下游细分市场整体需求强度；（3）竞争形势有利程度，包含既有竞争者数量，潜在竞争者行动延迟程度；（4）职能互补厂商的知识强度。它们产生上市后的产品有价值的差异程度、产品稀少程度、产品需求强度，这三个变量影响竞争优势，而后影响未来利润。创业者的产业知识强度大是成功的必要条件。成果解答了创业机会的本质、构成、功能、与后果的关系。

第一节 引言

一、现象界定

创业现象可以按照新事业与创业者过去工作的事业间的产业相关性是高（相同产业）或中（相关产业）或低（非相关产业）进行分类，也可以按照新事业进入的产业处于生命周期的浮现期、成长期、成熟期、技术改变期的不同阶段进行分类。"相同产业成长期与技术改变期创业"是指创业者与团队离开原来工作的事业后，在成长期或技术改变期的相同产业独立创立了一个新事业，如华硕公司和蒙牛公司都属于这种创业类型（周芳苑，1999；张治国，2006）。Shane（2000）以及陈震红等（2005）指出，上游的技术跨代升级与大幅度技术改变产生了新组件（component），加上下游存在市场需求，形成了外部因素形成的与被产品制造厂商中的潜在创业者发现的创业机会（唐鹏程，2009）。相同产业成长期与技术改变期创业类型中存在"相同产业成长期与技术改变期利用上游新组件形成的机会创业"的更特殊的子类型。过去没有学者深入研究过这个类型，没有建立理论模型与提供完整解释，所以本书研究了这个类型。

二、现象聚焦与问题

创业过程包含两个阶段：一是创业者发现机会决定创业的决策阶段；二是创业者行动开发利用机会，创造出新产品上市销售，满足顾客需要并使自己获利的执行阶段。本书研究开发利用机会的执行阶段。在创业执行阶段，创业开始时只有一些初始因素，例如创业者的先验知识和机会，之后要做出新产品差异或独特性，提供给市场满足顾客需要，才能产生绩效（销售成长、利润）。由于产品差异会形成优势，因此产品与利润绩效之间还存在中介的竞争优势变量。因此可以将执行阶段的创业现象和创业理论按时间先后分解为：初始因素（机会、知识）—产品—优势—绩效。目前对前段"机会—产品"的差异化过程，就是创业者利用机会，创造出新产品差异并产生竞争优势的过程还没有研究清楚。目前 Bamford 等（2000）和 Chandler 等（1994）对后段关系"产品—绩效"已有研究，得出产品差异或独特影响绩效高低。但是"产品—中介变量—绩效"的因果关系还没有揭露。因此本研究选择相同产业成长期与技术改变期利用新组件形成机会的创业类型，聚焦在机会开发利用到实现产品差异化、优势并产生利润的阶段。研究问题：哪些机会因素产生差异化后的产品属性、竞争优势、利润？本研究的目的为，采用探索性案例研究方法，建立特殊类型创业理论模型，以创业者发现的外部上游新组件形成的机会解释差异化后的产品竞争力属性、优势、利润。本书不研究创业者内部创造的新知识形成的机会对差异化优势的影响。

第二节　文献回顾

本节对照初始因素（机会、知识）—产品—优势—绩效（利润）的理论形式，从几个研究途径回顾创业执行阶段的理论和实证的创业文献。本书研究外部机会因素对产品属性、竞争优势、利润的影响，因此只简单探讨创业者的初始知识的影响。

一、机会开发利用阶段的创业研究

Shane、Venkataraman（2000）指出创业机会是一个情境、结构，在其中存在低度利用的资源和新结合方式，能够创造出新产品，从市场获取利润。

（一）目前创业机会概念模糊不清，需要研究它的构成变量，与前因后果的关系

创业机会是创业过程中最重要的概念，因此最近 10 多年产生了大量与创业机会相关的研究文献。但是 Companys 等（2007）指出，在大量的文献中，研究者在探索创业过程时都将创业机会视为理所当然的，没有人深入探索出"创业机会是什么？"这一问题的答案，没有揭露创业机会的本质，使得目前创业机会仍为一个比较模糊不清的、难以捉摸的抽象概念（Dimon，2011），Hansen（2011）对非常碎片化的创业机会定义进行了整理。

Mcmullen 等（2007）认为，创业机会的本质和定义的不清楚，来源于对创业机会的构成（样子）、功能、前因、后果关系的不清楚。目前没有人能清楚地描述出创业行动开始时创业机会的普遍一般性的样子。Dimov（2011）指出，创业机会是多项目构成的潜伏构念（latent construct），因此我们认为，需要揭露出创业机会是什么样子？它由哪些项目构成？它的功能？它对后果的影响关系。机会也被称为利润机会，显示创业者决策时评价出的创业机会的价值，影响创业活动执行后产生的产品，以及一段时间（3～5年）后的销售额和利润的绩效结果变量。因此，初始创业机会的构念和构成因素应该也要有所变化，

反映出机会的价值和有利程度，并且先通过影响上市时的中介的产品变量，最终影响销售额和利润变量。

（二）上游新组件形成的创业机会的构成项目，不清楚它们与产品变量的关系

Renko 等（2012）指出，创业机会是由市场需要以及满足需要的手段构成，因此市场需要和上游组件（手段）都是构成机会的因素。构成创业机会的因素还包含竞争者行动。陈震红等（2005）指出，机会窗口是指一个机会对创业者敞开的一段时间长度，使得他能够创立企业并获利。当上游技术创新出现了新组件以及下游存在市场需求的条件下，对产业内的创业者和竞争者而言便是机会窗口敞开了。Kirtzner（1997）指出竞争者利用了机会使该机会消失。因此竞争者行动的早晚影响机会窗口持续的时间长度。如果多数竞争者积极与提早利用机会，则创业者面对机会窗口的时间短，利用机会产生的优势持续的时间短。

从上述文献可以整理出在相同产业成长期上游新组件形成的创业机会的构成因素包含：（1）存在上游的新组件，它是低度利用的资源，也是满足需要的手段；（2）存在下游一群顾客对产品的需要形成的市场需求；（3）此机会是其他竞争者不积极利用的。虽然有了这些机会的构成因素，但是它们没有变量化与客观地测量。

在产品变量部分，Baum 等（2011）与 Chandler 等（1994）以产品品质差异程度或性能差异程度预测新事业绩效，Bamford 等（2000）以独特产品数预测新事业绩效。因为独特是稀少程度的最高水平，此显示产品差异程度和稀少程度是产品层次的变量。由于机会项目包含下游存在市场需求，因此产品需求应该也是产品层次的变量。现有文献中没有并且我们也仍然不清楚机会变量是什么样子，它们为什么影响产品变量（产品差异、独特）。

（三）机会开发利用阶段的实证研究

虽然学界已经认知到机会是创业最重要的初始因素，而且机会影响创业成功和利润。但是关于初始因素影响未来绩效的量化研究中，实证模型不包含机会变量的文献很多，包含机会变量的很少。忽略了创业机会，仅仅以创业者、团队、环境等变量预测创业绩效的解释力会降低。

目前已经有少量包含创业机会变量影响绩效的量化实证研究。Chandler 等（1994）得出，如果机会品质好，包含市场需求成长率高、产品是差异化的、产业竞争集中度低，则成长性高。问题是产品是差异化的不是测量了初始条件的机会变量，而是测量了中介的产品变量。杨俊等（2011）的实证模型得出：创业者的经验多样性、经验相关性正向影响绩效；创业机会创新性正向调节这个关系。问题是，创业机会创新性变量的测量采用新技术企业曾获得的专利数量、国家和省部级技术成果奖励数量。该测量根本不是测量初始条件中的机会变量，是测量了利用机会后产生的专利和技术成果奖励。朱晓红等（2014）的实证理论模型得出：异质的人力资源、关系资源影响中介的创业机会，再影响绩效。以行业市场特征、创业团队特征、企业竞争优势、企业发展战略四个变量测量创业机会变量。问题是，后面的三个变量都不是测量初始条件的创业机会变量。张梦琪（2015）的实证理论模型包含，创业者社会资本影响中介的创业机会开发（创新型机会开发、模仿型机会开发），再影响新创企业成长。创新型机会开发的测量为该创业机会使企业第一个向市场提供该类新产品或新服务；企业开发新的技术或工艺以提供产品和服务；模仿型机会开发的测量为该创业机会使企业在现有的包装、服务、技术、工艺、营销方式等方面进行改进以提供产品服务。问题是，此研究测量的创业机会开发变量是上市时点中介的产品独特（第一个上市、稀少性变量的最高水平），没有测量到产生产品独特的初始条件的创业机会变量中的某个变量。

（四）理论和实证研究的问题与不足

现有的创业机会理论存在以下不足：（1）没有整合多种因素完整描述出创业机会是什么样子的，特别是不清楚新组件形成的创业机会是由哪些因素项目构成的；（2）没有将构成创业机会的多项因素操作化为变量，进行客观地测量；（3）没有研究清楚为什么创业机会变量影响差异化后的产品变量、竞争优势和利润变量。Hansen 等（2011）和毕先萍等（2012）指出，未来实证方面需要解决测量创业机会及其差异性的问题，才能解释产品变量，进而解释利润。

在少量包含创业机会变量影响绩效的量化实证研究中存在以下问题：建立的理论模型中都将上市时点忽略或跳过了，没有包含中介的产品变量，或者将决策与差异化初始时点和产品上市时点以及中间的差异化过程简化压缩成为同一个时点。测量的机会变量不是初始条件的机会变量，实质却是测量了中介的产品或技术开发的专利成果等结果变量，将中介的产品视为初始条件的机会。

在初始因素预测绩效的量化实证研究中存在以下问题：过去很多实证研究模型中缺乏创业机会变量，中介的产品变量，其原因一方面可能是没有将机会测量出来，不了解产品变量包含哪些以及它们之间的关系；另一方面是没有将决策与差异化过程的开始时点与差异化完成产品上市的结束时点区分开来，建立理论。未来的实证理论模型加入机会变量和产品变量会更完整，解释力更高。过去创业机会没有与创业者知识整合解释产品差异化，即奥地利经济学的机会理论未与资源基础观及差异化理论整合，未来需要整合。

理论建立与研究方法产生的问题：通过理论推演建立模型和用量化研究方法进行实证的优点是，可以经由大样本统计分析得出变量之间存在因果关系，使理论实证有效。但是以上方法不能深入探索实际现象中本质的因果逻辑。质性的案例研究能够探索与发现现象中的深刻因果逻辑关系。由于机会是由多因素属性构成的，从文献和量化研究中难以发现完整的机会和建立完整的理论。因此需要通过案例研究，从质性资料中提取和建立机会构念，将机会构成因素化为变量，建立与后面变量间的因果关系。

二、创业者层次研究

创业者拥有的知识是另一项初始因素。创业者层次量化研究探讨何种创业者特征影响新事业绩效。Chandler（1996）以及 Chandler 等（1992）经实证后发现，以相同产业工作年数替代测量的产业特殊经验是最显著的变量。产业特殊经验知识包含外部的产业环境经验知识和内部的技能能力，前者能发现机会、形成策略，后者能执行策略。Chandler（1996）与 Gartner 等（1999）得出，以是否担任过管理职位替代测量的管理经验也具有显著性。由于工作年数长较易升为管理者，因此可以推断产业特殊经验和管理经验是高度重叠的实务知识，因此可以合并为一个产业特殊知识强度变量，它是创业成功的必要条件。

这些研究仍存在以下不足：这些研究聚焦在创业者身上，忽略了外部机会因素，没有通过机会解释产品差异。这些模型跳过了中介的产品，因此没有建立以知识解释产品差异化，再解释创业绩效的理论。以相同产业工作年数替代测量的产业特殊知识强度隐含地指是其他竞争厂商都有的产业内通用知识，依据资源基础观它不能解释产品差异。

三、创业团队层次研究

Bruton 等（2002）与 Francis 等（2000）在团队层次的实证结果显示，团队规模、过去合作经验或团队成员的友谊、团队完整性、团队成员异质性会影响新事业绩效。创业团队层次与创业者层次的研究结果是互补的。当多位成员职能互补，组成职能完整的创业团队，合作过且存在友谊，这些成员仍然需要产业内工作年数长和职位高才具有足够强的产业特殊知识。由于两个层次互补，本研究视创业团队成员皆为创业者，将整合的团队知识视为创业者知识，探索它们对产品差异化的影响。

四、新事业策略和产品层次变量预测绩效的研究

新事业策略层次实证研究引用了 Porter 的产品差异化策略理论。以产品属性测量策略，显示策略层次的研究就是产品层次的研究，差异化理论为产品层次的理论观。Baum 等（2011）与 Chandler 等（1994）的实证显示，产品品质差异程度或性能差异程度显著影响新事业绩效。Bamford 等（2000）的实证显示，独特产品数显著影响新事业绩效。由于独特是稀少性的最高水

平，因此可得到一般的结论：新事业推出差异或稀少性产品，则可以产生高绩效。

这些研究的不足之处为：第一，以产品差异程度或产品稀少程度单独一项测量策略不完整，因此需要找出能整合二者，充分代表策略执行程度并能解释利润的变量。第二，这些研究在"产品—利润"关系中忽略了中介的竞争优势变量。第三，Porter 以及后续学者没有得出什么因素导致产品差异，没有以机会和知识解释产品差异化。这些研究已解决了后段的"产品—利润"的问题，因此可以使我们聚焦到前面的初始机会因素—产品这一关系上，在差异化阶段探讨哪些初始机会因素产生产品差异与稀少性。

五、经济学的不同类型市场均衡理论有助于建立"产品—优势—利润"理论

Porter（1980）指出，产品的独特功能和成本低会形成竞争优势。因此产品的效能更高与成本更低的差异，以及产品稀少性（独特是稀少的最高水平）会形成竞争优势。Barney（1991）指出，当企业的获利能力高于产业平均的获利能力时，则此企业有竞争优势。获利能力是指单位时间的利润流量。产品的毛利高 × 销售量大，则获利能力大。获利能力对时间积分可以得出一段期间的累积利润。经济学中的不同类型市场的供需均衡数量与价格决定理论，将市场分为独占市场、寡占市场、完全竞争市场，解释了市场获利能力的高低。与这三类市场对应的产品是差异独特的（1 家独占）、差异稀少的（2 家寡占、3 家寡占等）、无差异不稀少的。目前经济学的这些理论还没有应用到创业领域，本研究应用这些理论建立"产品—优势—利润"

理论。

六、文献评述

回顾理论可知以下问题仍未解决：第一，机会角度的研究没有完整描述出创业机会的构成因素，没有将这些因素转化为变量，找出它对产品差异化优势的影响。第二，创业者层次研究得到的产业内通用知识不足以解释产品差异化，需要整合知识与机会解释产品差异化。第三，产品层次的研究没有找出能充分显示策略执行效果并能预测产品利润的最适当产品的构念与变量。第四，应用经济学的不同类型市场均衡理论，有助于建立"产品—优势—利润"阶段的理论。过去学者没有将创业现象按产业相关性和产业生命周期阶段进行分类，也没有发展相同产业成长期和技术改变期利用外部上游新组件形成机会的特殊类型创业理论。Low（2001）、Ucbasaran 等（2001）指出，过去从不同途径进行的一般量化实证创业研究，建立了少数变量关系的片段的一般性创业理论，仅得出许多没有核心的理论碎片。由于成果不理想，Busenitz 等（2003）呼吁未来应研究多个变量的交集现象，Sarason 等（2006）建议研究个人和机会的联系与结构[36]。本研究回应这些呼吁，探索特殊创业类型中知识、机会、知识、产品、优势交集现象。

第三节　研究方法

Eisenhardt（1989）指出，理论建立的案例研究方法适用于：迄今没有人深入探索过，现有理论不足以解释此现象，需要更为完整与新鲜的解释观点。本研究符合上述条件，因此采用这种探索性案例研究方法。研究对象母体为相同产业成长期和技术改变期利用新组件形成的机会创业的厂商，在创业期经营过的成功或失败的新事业。研究设计采取 3 个案例。Yin（1994）指出，多案例既能满足发现新的与深入的解释观点的主要探索目的，也能达到运用复现逻辑发展有外部效度的在类型内一般性的理论。探索的期间为创业后利用新组件的第一次差异化阶段，延伸到产生利润。采用镶嵌的多分析层次设计，总分析单位为新事业主要产品线。进入田野前已经找出了由初始创业者知识、机会，中介的产品，后续利润等先验构念构成的因果关系框架，使资料收集能聚焦。

　　研究者利用台湾政治大学校友关系取得了两家公司中的三个案例资料。一家瑞传工业电脑公司，在创业期经营失败的 modem 事业和后来成功的工业电脑事业二个案例；另外一个成功案例为制造光学鼠标的世洋公司。表 5-1 列出的案例特征显示，三个新事业都在相同产业创立，竞争者已有一些年份，组件跨代升级与技术改变推动了市场需求成长，符合 Henderson 等（1990）与 Tushman 等（1986）指出的成长期和技术改变期特征，因此它们都属于相同产业成长期和技术改变期利用新组件形成机会创业的类型，其中存在着成功与失败的差异化阶段。

表5-1　新事业与原事业所处产业、产业存在年数及目前公司规模

	案例1	案例2	案例3
原来工作的公司与事业单位	神通电脑公司工业电脑事业部	神通电脑公司modem 事业部	将盟公司球鼠标事业部
新事业创立日期	瑞传工业电脑事业，1995 年	瑞传 modem 事业，1993 年	世洋光学鼠标事业，2000 年
竞争者年数	研华已成立 15 年	致福已成立 14 年	昆盈已成立 28 年

	案例 1	案例 2	案例 3
组件创新推动产业成长	CPU 和芯片从 486 升级到奔腾	modem 芯片从 9 600 bps 升级到 14 400 bps	球鼠标模组转变到光学鼠标模组
2003 年新企业规模	营收 11 亿元人民币，资产 10 亿元人民币	已结束此事业	营收 1 亿，利润 0.7 亿

研究者访问了创业团队中二位以上创业者收集的资料，共 15 次，每次约 1 到 2 个小时。在瑞传工业电脑案例中访问了董事长陈志中、副董事长张瑞强，以及竞争厂商研华公司的一位董事，也收集了 Intel CPU 推出的产业次级资料。在世洋案例中访问了副总经理和采购经理，在创业前他们是将盟公司的协理和采购员。原始资料主要为录音打字稿。多位受访者与多种资料，可以三角的形式验证增加资料的效度。资料收集从 2003 年 11 月开始，持续到 2006 年 5 月。资料整理采用 Miles 等（1994）建议的方法，将原始打字稿资料先切分成片段做成分类档，再按时间与因素重排做出归类档。然后建构案例故事并请受访者确认。

资料分析包含，由案例内分析到跨案例分析，由个人分析到多人检视修改的多次循环，参照理论观进行精确分析。案例内资料分析运用 Strauss 等（1998）提出的扎根理论方法的主轴编码和开放编码，根据案例证据进行概念化和形成理论。跨案例资料分析是运用模型匹配法（pattern match）反复修正得出理论模型。多人分析与修改使理论具有相互主观性。精确分析参照了理论观，强调建立的理论与案例证据适配。理论观帮助研究者找出了攸关的资料和因果逻辑。理论与证据适配使资料分析不受理论观限制而导致偏误。经过精确的分析，最终使因果构念形成清楚的连接，每个构念都根据证据进行了命名、定义、测量和判定水平，并且将多种理论观整合进理论模型中。参照的理论观包含资源基础观、奥地利经济学、差异化理论、经济学的各种类型市场均衡理论等。

第四节　案例分析与理论建立

本节第一段先叙述三个案例主要产品线的简要故事。主要产品线包含：瑞传工业电脑主机板产品线（占总营收6成多）；瑞传modem产品线；世洋的光学鼠标产品线（占总营收9成多）。第二段进行跨案例资料分析。

一、案例故事

（一）瑞传公司工业电脑硬体事业的成功故事简述

瑞传公司目前是台湾上市的工业电脑公司，由张棱衡、陈志中、张瑞强三人在台北创立。创业前三人都在神通电脑公司新事业部（包含工业电脑、modem）工作。前两位工作了5年，在工业电脑（IPC）事业部担任过产品经理及业务经理。1993年1月瑞传以500万台币在台北创业，先从事modem的研产销事业。由于产销modem失败，于1993年年底转型从事单纯modem贸易，1994年下半年增资到1 000万台币并加入工业电脑贸易。从其他厂商买入486工业电脑主机板、机箱、电源供应器，再卖给国外客户。瑞传于1995年6月进入自行开发新奔腾工业电脑主机板的产品差异化阶段。当时上游Intel的CPU已经从66 MHz的486跨代升级到133 MHz的奔腾，矽统公司的芯片组已从 486 架构的升级到奔腾架构的。工业电脑厂商还在卖 486 主机板，竞争厂商研华、神通都不积极开发奔腾产品。瑞传创业者决定利用奔腾芯片组开发下一代奔腾工业电脑主机板。之后创业者找到一家 PC 主机板设计公司，与他们谈成合作开发奔腾主机板的协议。由瑞传规划奔腾主机板规格，设计公司负责设计并外包制造，然后按 3 成毛利率的价格卖给瑞传公司，由瑞传公司独家销售至国外。瑞传在 1995 年 10 月领先推出第一个差异性新产品，之后每隔两个月再推出一个领先的新产品。新产品领先竞争者三个月到半年上市。陆续推出的新产品为含矽统芯片组的基本型的奔腾主机板、含矽统芯片组并内建 SCSI 和 VGA 卡的奔腾主机板、含 Intel 芯片组的基本型的奔腾主机板。下游升阳（Sunmicro）的电话交换机发展和电脑语音整合技术的发展，使市场中奔腾细分市场的需求出现并持续增强。新产品上市后毛利率约 4 成，销售量也逐渐提高。1995 年瑞传工业电脑事业尚未获利。1996 年年度业绩达到 1.7 亿元，利润 3 000 万（资本额 1 000 万元）。1997 年度业绩达到四亿九千万元，利润 1 亿元。

（二）瑞传公司 modem 事业的失败故事简述

瑞传公司由神通公司新事业部（包含工业电脑、modem）负责人张棱衡，以及张瑞强等人投资，于 1993 年 1 月以 500 万元台币在台北创立，初期从事 modem 的开发、委外生产和销售。初期的创业团队包含一位负责 modem 业务与产品经理的全职人员，二位兼职 modem 设计人员（已到其他公司上班），他们过去都在神通电脑公司的 modem 事业部工作。创业前上游主要芯片供应商 Rockwell 的 modem 芯片速度已从 9 600 bps 升级到 14 400 bps。当时有一个上游新公司推出了含 voice fax 的 9600 芯片。创业者利用这个差异的芯片做出了差异的 9 600 fax modem，并且有一些获利。但一两个月后，Rockwell 也推出了 14 400 bps 含 voice fax 的 modem 芯片，使得芯片没有差异。当时下游市场的需求很大而且很明显，促使竞争厂商积极利用上游的新 modem 芯片。由于上游芯片大厂优先支持 modem 制造大厂，因此致福、亚旭等既有 modem 大厂比瑞传更早利用上游的 14 400 fax modem 芯片。另外由于瑞传的二位设计人员在别家公司上班，没有全心投入，使产品研发进度落后与上市太慢。瑞传推出 14 400 fax modem 时，已有十几家竞争厂商的产品上市了，使得产品是无差异的。上市后市场价格一直跌，使瑞传的一堆库存卖不出去，之后只能赔钱卖掉，造成瑞传在 modem 事业上亏损了 300 万元。之后瑞传为求生存转型为只做 modem 贸易，再转型做工业电脑并且成功后，瑞传收掉了 modem 事业部。

（三）世洋公司的成功故事简述

世洋公司于 2000 年 1 月 1 日在台北创立，创业资本 3 500 万台币。创业团队由从台湾的将盟公司离职的总经理、一位协理、两位研发副理（机构、电子）、一位厂长，一位采购、一位财务主管组成。总经理在将盟做了十多年，其他人工作了 4 年到 7 年。世洋利用从滚球鼠标技术往光学鼠标技术转变的阶段创业，从事光学鼠标的研发、生产、销售，以及手写板和缆线测试器的产销，是 2000 年时期创业最成功的台湾鼠标厂商。将盟公司是做电脑周边设备的厂商，包含做低阶的滚球鼠标。上游美商安捷伦（Agilent）公司利用 CMOS 技术做出了光学鼠标模组。在 1999 年第二季安捷伦的台湾代理商就接触了将盟研发人员，提供研发用的光学鼠标模组样品，但将盟当时并未重视。1999 年 8 月微软利用安捷伦的光学模组推出了世界上第一支光学鼠标。1999 年第四季，因为将盟公司内部斗争，使世洋主要的两位创业者决定离开将盟独立创业。在1999 年 12 月创业决策阶段，主要创业者在规划组成团队以及决定做什么产品。由于有优势的滚球鼠标大厂很多，价格竞争激烈，因此世洋决定采取利基市场策略，做刚萌芽的光学鼠标。创业团队的研发人员利用从台湾宏景公司拿到的安捷伦的光学鼠标芯片，开始研发光学鼠标。世洋公司于 2000 年 1 月 1 日创立，于 3 月份推出研发制造的第一款光学鼠标上市销售。同一时间另外四家台湾公司包含昆盈、致伸、宏景、业盛的光学鼠标也上市销售。5 月、6 月份大概已有十几家公司都推出了光学鼠标。到 2000 年年底的时候已经有几十家公司了，世洋在光学鼠标细分市场的排名掉到了十几名以后。那时光学鼠标才刚刚萌芽，大家对光学的接受度还没那么高。滚球鼠标存在一个问题，就是球滚动会把灰尘吸进去，用一段时间以后会使运作不灵敏。如果清球祛除灰尘，越清球其弹性越疲乏。光学鼠标的好处是不会吸灰尘造成不灵敏且比较轻。但是当时光学鼠标的价格很贵，而且性能不稳定，球鼠的价格已经烂的要死。当时球鼠标出厂价格是 2 至 2.5 美元，光学鼠标价格是 12 到 14 美元，毛利有三成。世洋的第一个产品设计很普通，关键是求速度。之后世洋与一家小型工业设计公司合作设计外观，在 6 月推出了第二款光学鼠标。因为市场竞争日益激烈以及世洋制造规模不大，世洋创业后就没有做大量标准化与低价的装机鼠标市场。避开了与昆盈、致伸等大厂争取电脑品牌大厂的第一层客户订单。世洋第一批订单部分来自销售副总过去的国外客户的老朋友，包含荷兰、德国、香港的客户等，加起来有几万只订单。之后世洋主要服务国外进口商、渠道商的第二层客户，攻店面销售的鼠标市场。店面细分市场的鼠标要求包装精美，造型美观有特色，但价格较高。2000年9月世洋管理层决定到大陆深圳设工厂，2001年3月世洋管理层派负责电子的研发经理去深圳设立研发部门。由于大陆的工资水平低，使得世洋后来在大陆建立了一个电脑周边产品厂商中最大的研发部门，提高了新产品研发速度，快速地推出多样造型的光学鼠标产品。因为策略正确，世洋的排名从后面逐渐追上来，到2006年销售额达到世界鼠标厂商的第6名。世洋从2000年到2003年的营业额分别为：1亿元、2亿元、4亿元、7亿元；利润为：负1 000万元、900万元、3 000万元、7 000万元。第一年因为有不动产和模具、设备的大量投资以及大量人员费用，因此亏损。

二、资料分析与理论建立

本研究引入时间轴，分析决策与差异化开始时点、差异化后产品上市时点、一年后时点的构念间关系。由于已知成败，因此采取从后往前的方式，依序分析：（1）上市时点产品竞争优势与一年后产品利润的关系；（2）上市时点产品竞争力属性与产品竞争优势的关系；（3）简要分析差异化开始时点哪些初始因素影响产品差异化成功；（4）详细分析差异化开始时点构成机会的因素属性影响产品竞争力属性。分析每一对因果关系时，先以表格在左边列出原因证据与构念，右边列出结果构念。在从上到下的行中，以斜体字列出瑞传工业电脑、瑞传modem、世洋的案例证据，以及证据显示的含义和构念（水平）。然后根据资料和理论定义与测量构念，分析因果关系并得出命题。分析完全部成对关系后整合出本研究理论模型。

整合以下分析得出的命题可得到跨案例一般性的理论模型

图（如图 5-1 所示）。图 5-1 中左边虚框表示潜伏的创业机会是由多个因素聚合成的一个情境结构。图中以粗细不同的线与箭头表示子命题的因果关系。某一构念包含的次构念以点表示。图中也画出了过去研究得出的"任务环境知识与创业机会发现"的正向关系。此架构图是三个同类案例的并集。单一案例的理论模型，读者可以以各表格中此案例的构念水平建立起来。此图是在相同产业成长期与技术改变期进行创业，在创业者的产业内通用知识强度大的条件下，利用上游新组件形成的创业机会进行产品差异化和产生竞争优势、利润的模型图。后续如何保持与扩大竞争优势需要在未来进行研究。

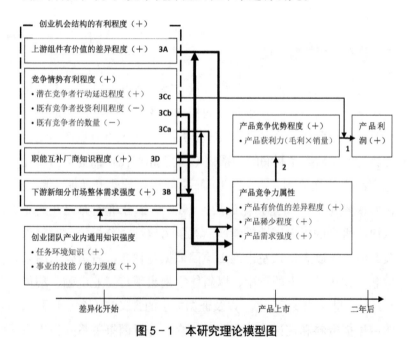

图 5-1　本研究理论模型图

（一）产品与绩效

1.产品竞争优势与产品利润

Barney（1941）指出，当某事业的获利能力高于产业平均获利能力，则它有竞争优势。类推到产品层次，本研究定义产品竞争优势程度是指产品的获利能力高于产业中竞争产品平均获利能力的程度。产品获利能力是单位时间利润流量，可通过产品毛利率和单位时间销售量测量得出。产品获利能力对时间积分即为一段期间的利润。较高产品获利能力必须选择适当的高定价，保持毛利率较高，同时利用较高顾客的让渡价值（是指顾客总价值与顾客总成本之间的差额）增加销量。表5-2列出了三个案例的产品竞争优势程度与产品利润的案例证据。从表5-2可见，瑞传工业电脑主机板产品竞争优势程度大，产生一年的产品利润大；瑞传modem产品竞争劣势程度大，产生一年的产品亏损大；世洋光学鼠标产品竞争优势程度中等，产生一年的产品利润中等。第一年中因为竞争者进入，使光学差异和稀少性产生的优势快速降低，后来的成长是因为新策略产生新优势。世洋第一年产品利润无法弥补大量费用产生亏损，第二年才获利。以上可得到以下明显的命题1。

命题1：产品竞争优势程度越大，则产品利润越大。

表5-2　三个案例的产品竞争优势程度与产品利润

案例证据	含义；构念（水平）	案例证据；构念（水平）
瑞传奔腾主机板定价300美元，毛利4成。1996年年底超过500片/月。	毛利率大 × 销售量大；产品竞争优势程度（大）	瑞传1996年业绩1.7亿，利润3 000万元；产品利润（大）
瑞传modem成本高于大厂FOB卖价，造成一大堆库存。	毛利率小 × 销售量小；产品竞争优势程度（小）	瑞传Modem上市三个月就亏损300万元；产品利润（小：亏损）

续表

案例证据	含义；构念（水平）	案例证据；构念（水平）
球鼠价格 2 至 2.5 美元，光学鼠价格是 12 到 14 美元，毛利三成。世洋第一年营业额 1 亿元。因为有大量不动产、模具、设备投资以及人员费用，因此亏损。2000 年年底已经有几十家了，世洋在光学市场的排名掉到十几名以后。	毛利率大 × 销售量大；产品竞争优势程度（中）之后光学组件产生的优势逐渐降低；产品竞争优势程度（中）	世洋前四年营业额：1 亿元、2 亿元、4 亿元、7 亿元，利润：负 1 000 万元、900 万元、3 000 万元、7 000 万元；产品利润（中）

2. 差异化后产品竞争力属性对产品竞争优势的影响

本研究参照 Porter 的差异概念进行概念化，将 Porter 分类一般事业策略的独特功能维度分解为产品差异程度与产品稀少程度。为了使产品构念和上游组件构念相连接，本研究参照资源基础观的资源有价值性，将产品差异程度加上有价值的前提。表 5 - 3 列出了案例证据，显示出差异化后上市时有三个同时存在的产品竞争力属性影响产品的竞争优势程度，分别为产品有价值的差异程度、产品稀少程度、产品需求强度。之所以称为产品竞争力属性是因为这三个属性是与竞争者相比较测量出来的，它与产品本身的属性不同。产品属性包含功能、品质、服务、成本方面。

表 5 - 3　三个案例的产品竞争力属性与产品竞争优势程度

案例证据	含义；构念（水平）	构念（水平）
瑞传 133MHz 的奔腾工业电脑比 66MHz 的 486 速度高一倍。电脑、电话整合浮现市场需要更高速的 IPC	新产品运算速度快一倍；产品有价值的差异程度（大）	产品竞争优势程度（大）
瑞传奔腾 IPC 主机板在市场上领先了三个月到半年	产品稀少程度（大：独特）	
1996 年初奔腾销售量为零，1996 年底超过 500 片/月	产品需求强度（大：渐增）	

200

续表

案例证据	含义；构念（水平）	构念（水平）
因为 14 400 modem 上市太慢，使得实际上产品是没有差异的。瑞传的成本高于 modem 大厂的 FOB 卖价	产品有价值的差异程度（小）	产品竞争优势程度（小）
瑞传推出 14400 modem 的时候，已经有 10 几家竞争厂商的产品上市了	竞争的新产品 > 10 产品稀少程度（小；不稀少）	
瑞传的成本高于 modem 大厂的 FOB 卖价，造成一大堆旧库存卖不掉	市场对瑞传 modem 没有需求；产品需求强度（小）	
光学鼠标的好处是不用清球，比较轻。但是光学鼠标价格是球鼠标的 6 倍，开始不稳定，桌面颜色花的就不能动。因为滚球会把灰尘吸进去，一段时间后使球鼠运作不灵。两、三个月后进来十几家竞争者	新产品效能高价格高；产品有价值的差异程度（中）之后光学的差异降低。	产品竞争优势程度（中）光学优势快速降低
三月底总共有五家公司同时出货。除了世洋就是比较大的致伸、昆盈，还有业盛、宏景。两、三个月后进来十几家竞争者。到 2000 年年底已经有几十家公司了	竞争的新产品 4 家，产品稀少程度（中：稀少）之后光学的稀少性降低	
世洋第一年的销售量约 25 万只。三月底五公司同时出货。2000 年年底已经有几十家公司了，世洋在光学市场的排名掉到了十几名以后。其他厂商价格可以杀很低，不赚利润做，世洋的客人会流失一些，他们就继续找重视他们特色的客人，放掉只重视价格的客人	产品需求强度（中）之后竞争者多使世洋产品需求强度成长受限	

　　分析这三对变量间的关系，需要引入经济学的不同类型市场均衡理论，在价格和产销数量构成的供给和需求图上，以产品供给线、产品需求线、产品稀少性程度进行解释。

　　根据资料本研究定义产品有价值的差异程度构念，差异是指与竞争者的旧产品属性程度相比，创业厂商的新产品属性程度超出的程度。产品属性指产品的性能、品质、服务、成本等重要属性的程度。有价值的是指产品属性差异对下游目标细分市场的顾客有价值。产品有价值的差异程度的量化测量，可以计算新产品属性程度比竞争产品的属性程度超出部分的百分率。无法量化测量的可经由主观判定。此变量就是对目标细分市场顾客而言，产品的效能与成本之比更高。一方面可以使产品定价更高于成本，保持高毛利。另一方面仍然保持产品的效能与价格之比更高，保持目标顾客让渡值更高，使市场需求量和企业销售量大。毛利高 × 单位时间销售量大 = 单位时间产品利润流量高，就是产品获利能力高。产品效能与价格有替换（tradeoff）关系，在价格上升一定的情况下，如果效能上升越多，则有越多人会选择付高价买更高效能的产品。也就是在供需均衡图上，产品有价值的差异越大，会使负斜率的需求线越右移，使均衡价格和销量上升，使获利能力和竞争优势上升。证据显示，瑞传工业电脑的有价值的差异程度达到一倍 =（133Mhz − 66 Mhz）÷ 66 Mhz = 100%，差异程度大，使产品获利能力大，使竞争优势程度大。瑞传 modem 的有价值差异程度小，使产品亏损，使竞争劣势程度变大。世洋案例中，因为光学鼠标虽不会粘灰尘且比较轻，但比球鼠标价格贵 6 倍并且不稳定，显示世洋光学鼠标的有价值的差异程度中等，使产品竞争优势程度中等。之后因为竞争者跟进，使光学的差异性降低。由理论分析和案例证据可得：产品有价值的差异程度越大，则产品竞争优势程度越大。

产品稀少程度是指此产品在产业内厂商中稀少的程度。测量方式可以计算差异性新产品上市时有相同差异性新产品的竞争厂商数。稀少程度最高为独特，一家新企业独占目标细分市场。

稀少程度次高为，两家企业寡占目标细分市场；依此类推。稀少程度最低是不稀少，因为有很多家竞争者进入，使目标细分市场成为完全竞争市场。经济学的市场类型理论已得出，独特产品独占细分市场，获利能力最高，超额利润最大。不稀少的完全竞争细分市场的产品获利能力最低，只有很低的正常利润。n 家企业的稀少产品使新企业与 $n-1$ 家竞争者寡占细分市场，获利能力低于独占细分市场的超额利润，高于完全竞争细分市场的正常利润。证据显示，瑞传奔腾主机板新产品是独特的，垄断奔腾细分市场；瑞传 14 400 fax modem 产品是不稀少的；世洋光学鼠标上市时有 4 家竞争者，产品是稀少的。之后因为更多竞争者进入，使光学差异的稀少性降低。由理论分析和案例证据可得：产品稀少程度越大，则产品竞争优势程度越大。

产品需求强度是指对此项差异性产品的细分市场需求线位置靠右的程度。测量方式可以在给定价格下计算单位时间产品销售量。瑞传工业电脑案例证据显示，产品需求强度逐渐增大。瑞传 modem 案例证据显示，产品需求强度小。世洋案例证据显示，产品需求强度中等。之后因跟进的竞争者多，使产品需求强度成长受阻。根据经济学的市场均衡理论得出，供给线是正斜率的，当产品需求越强，就是负斜率的需求线越靠右侧，则供需均衡的价格和销量越大，使产品获利能力越大。由此可得：产品需求强度越大，则产品竞争优势程度越大。

命题 2：产品有价值的差异程度越大、产品稀少程度越大、产品需求强度越大，则产品竞争优势程度越大。

（二）概要分析创业机会对产品差异化的影响

本研究发现创业机会是在差异化决策时由产业环境与新事业内的多个项目共同构成的一个情境结构，本研究提出创业机会结构构念。创业者利用创业机会结构经过研制新产品的差异化过程，可以产生三种产品竞争力属性。表 5－4 列出三个案例构成创业机会的项目。

根据表 5－4 瑞传工业电脑案例证据显示，创业者决策时的下面四项因素使差异化成功，产生上市后的三项产品竞争力属性。第一，上游存在差异的新组件。与竞争者利用的 486CPU 和芯片组比，上游存在 Intel 的差异的新奔腾 CPU 和矽统的新奔腾芯片组，利用奔腾芯片组可做出差异的奔腾主机板新产品。由于奔腾 CPU 比 486 CPU 的速度快一倍，使得奔腾工业电脑比 486CPU 的速度快一倍。第二，下游存在市场需求。对高阶奔腾工业电脑主机板的整体市场需求，使瑞传奔腾工业电脑主机板上市后存在产品需求。第三，整体竞争形势处于很有利的水平，多数竞争者不积极利用上游新组件。这使瑞传奔腾产品上市后是独特的。第四，存在互补的主机板设计公司，它与瑞传合作研制奔腾主机板。

本研究参照文献，对上述四项因素共同构成的情境概念化，包含构念的命名、定义、测量和证据。创业者利用产业特殊知识中的产品架构知识结合新组件可以产生新产品，上游新组件的差异产生了新产品的差异。Shane（2000）已揭露出，机会中包含上游有新技术，下游有市场，创业者先发现。由于决策时同时存在的四项因素形成产业环境中的一种构成机会的特殊情境，使产品差异化成功并能推出新产品，因此它们共同构成了创业机会。另外它们是一种特殊产业结构，诱发了创业者采取差异化策略行动，并在未来产生利润（绩效），符合 IO 理论中的 S-C-P 模型。因此本研究发现并定义：相同产业成长期新组件形成的创业机会为产业环境中存在的一种由多个项目共同构成的特殊情境结构，它有利于未来产品差异化成功、创造竞争优势、获取利润并使创业成功。本研究将创业机会命名为创业机会结构，它由以下项目构成：上游存在差异的新组件；下游存在市场需求；竞争形势有利，存在多数竞争者不积极利用的行为；存在职能互补厂商。利用这四项因素产生了产品差异、产品需求强、产品稀少程度。创业机会结构是否存在测量，可检验差异化前是否存在上述项目。

根据表 5-4 瑞传 modem 证据显示，在差异化决策时，产业环境中不存在创业机会结构，无法产生三项产品竞争力属性。上游不存在差异的新组件。上游 14 400 fax modem 芯片是已被竞争者利用的无差异的，使瑞传做出的 modem 是无差异的，传输速度相同但成本更高。下游存在市场需求，但将被竞争者瓜分完毕。竞争者利用上游组件的投资规模大，产生更低的成本，瓜分了全部市场需求。因为新事业规模小，使成本偏高，使产品没有需求。整体竞争形势处于很不利的水平，多数竞争者积极利用上游新组件。竞争者致福、亚旭等 modem 大厂积极利用上游新组件。因为多数竞争者积极利用新组件，使瑞传利用的组件没有差异，做出的产品是不稀少的。瑞传 modem 事业的差异化不成功一方面归因于产业环境中不存在创业机会结构，另一方面归因于产业内通用知识不强。

表 5-4　三个案例差异化决策时的条件——创业者知识和创业机会结构

条件	瑞传工业电脑	瑞传 modem	世洋光学鼠标
是否存在创业机会结构	存在（证据）	不存在（证据）	存在（证据）
上游是否存在差异的新组件	存在：奔腾 CPU 和芯片速度快 1 倍，尚未被利用	不存在：14 400 fax 芯片已被竞争者利用，无差异	存在：光学模组比球模组不会粘灰尘，轻，少数竞争者利用

条件	瑞传工业电脑	瑞传 modem	世洋光学鼠标
是否下游存在市场需求	存在：浮现电脑语音整合细分市场的高阶需求	存在：modem 需求一开始就很强	存在：对电脑产品来讲，一定有尝鲜的人
竞争情势是否有利：是否存在多数竞争者不积极	很有利：多数竞争者不积极（研华认为做奔腾是错误方向，神通也不积极）	很不利：多数竞争者积极（10 几家竞争者已利用上游芯片，吸收全部市场需求）	中性偏有利：部分竞争者积极（三月另外四家光学鼠标也上市了。6 月已有十几家公司推出了）
是否存在职能互补厂商	存在：合作厂商人员有 10 年经验，设计过奔腾 PC 主机板	不存在	存在：第二只光学鼠就与一家工业设计公司合作设计

表 5 - 4 世洋证据显示，差里化决策时，产业环境中存在上述创业机会结构，能产生三项产品竞争力属性。上游存在差异的新组件。与多数竞争者利用的球鼠标模组比，上游存在差异的安捷伦的新光学模组，利用光学模组可做出差异的光学鼠标新产品。与球鼠标相比，光学模组不会粘灰尘而且比较轻，使得光学鼠标具有有价值的差异性。下游存在市场需求。下游存在光学鼠标的市场需求，使世洋光学鼠标上市后存在产品需求。竞争情势稍有利但偏中性的水平，部分竞争者积极利用上游组件，同时其他竞争者也逐渐跟进了。4 家竞争者积极利用上游组件，使世洋新产品上市时是稀少的。其他竞争者也快速跟进利用了，使竞争优势较短暂。存在互补的工业设计公司。

以上三个案例分析显示，竞争情势是否有利会影响一个机会是否是创业机会。竞争情势的有利程度是一个连续维度，三个案例处于很有利、很不利、中性偏有利的三种水平。由瑞传工业电脑案例和世洋案例可以观察出，当竞争情势的有利程度由很有利趋于中性时，则上游新组件产生的差异和优势将快速消失，新事业要快速发展出新优势，才能维持优势与存活程度。

（三）创业机会结构项目的属性对产品竞争力属性的影响

1. 上游新组件有价值的差异程度

产品是以产品架构知识结合上游组件产生的，上游组件属性差异程度影响产品差异程度，案例证据列如表5－5所示。根据表5－5中的案例证据显示，与竞争者产品中利用的旧组件的属性相比，瑞传工业电脑案例中被利用的上游新组件属性的差异程度大。瑞传 modem 案例中被利用的上游组件是没有差异的，因为多个竞争者已经利用了。世洋案例中上游新组件差异程度中等。这些组件的差异是下游顾客需要的、有价值的。本研究依据资料定义组件有价值的差异程度构念，是指与多数竞争者的产品中利用的旧组件属性程度相比，创业者利用的上游新组件属性程度的相对超出程度，这种差异对下游目标细分市场顾客是有价值的。组件差异程度的测量，可以客观计算新组件效能比旧组件效能超出部分的相对百分率，或应用主观判断。通过以上分析可得。

命题3A：组件有价值的差异程度越大，则产品有价值的差异程度越大。

表5－5 上游新组件有价值的差异程度与产品有价值的差异程度

案例证据	含义；构念（水平）	产品有价值的差异程度
486 CPU 速度最快 66MHz，1995 年奔腾 CPU 的速度为 133MHz。上游矽统的奔腾芯片组也研制出来了	奔腾 CPU 比 486 的速度快一倍；组件有价值的差异程度（大）	（大）
modem 产业厂商存活的关键就是拼产品上市的速度，而且大厂一定优先支持大厂。所以瑞传后续推出 14.4K 机种就比人家慢了，而且没有差异	瑞传利用的是竞争者已利用的 modem 芯片；组件有价值的差异程度（小）	（小）

案例证据	含义；构念（水平）	产品有价值的差异程度
安捷伦的光学 sensor IC 一颗 6 块美金，加上物料成本、加工费要 10 块。光学鼠标的卖价是 12 美金，是球鼠的 6 倍。光学的好处是不用清球、比较轻。但是开始不稳定，颜色花的桌面它就不能动，要用专门的鼠标垫。因为球会把灰尘吸进去，一段时间以后使球鼠运作不灵	组件有优点，但价格很贵、不稳定；组件有价值的差异程度（中）	（中）

2. 下游细分市场整体需求强度

在控制其他变量不变的情况下，下游目标细分市场整体需求强度会影响厂商的产品需求强度，案例证据如表 5-6 所示。根据表 5-6 中的案例证据显示，下游存在对全部厂商的差异性产品的细分市场整体需求强度（高阶奔腾主机板、高阶 modem、光学鼠标）。下游技术发展与产业成长等因素使细分市场整体需求强度越大，即市场需求线越偏右。产品需求强度是指上市后在供给需求图上对新事业产品的需求线位置偏右的程度。假设在一般情况下，新事业产品上市时已有竞争厂商的相同产品上市了，则细分市场整体需求强度被竞争产品瓜分掉一部分，剩下的则成为产品需求强度。在瑞传 modem 案例中，细分市场整体需求强度与产品需求强度呈反向关系，这是因为受到另一个变量——既有竞争者的投资利用程度大的反向调节，见下面命题三 Db。

命题 3B：下游细分市场整体需求强度越大，则产品需求强度越大。

表5-6 下游细分市场整体需求强度与产品需求强度

案例证据	含义；构念（水平）	产品需求强度
浮现出电脑电话整合（CTI）这块市场，需要用到这样高阶的（更高速的）产品	下游浮现 CTI 细分市场，需求增强；细分市场整体需求强度（大）	（大：渐增的）
那个时候刚好 internet 和 BBS 开始发展起来，资料传输都是靠 modem，modem 速度越快下游就越需要，市场的能见度是很高的	下游网络发展使对更高速 modem 的整体市场需求强度很大；细分市场整体需求强度（大）	（小）
那时光学才刚刚萌芽，接受度不高，但有尝鲜的人。光学有高科技感，有些玩家会接受它。光学价格太贵了，球鼠价格烂的要死。我们看到趋势，赌它会慢慢趋于成熟，三四年后价格下滑一定侵蚀到球鼠市场	初期被少数玩家接受，之后慢慢增大；细分市场整体需求强度（中）	（中）

3. 竞争情势的有利程度

既有竞争厂商数量：创业者开始利用新组件时，本研究将竞争者分两类，已经利用新组件的分到既有竞争者类，否则分到潜在竞争者类。决策时既有竞争者数量影响差异化后的产品稀少程度，案例证据如表5-7所示。表5-7显示，在瑞传工业电脑案例中，既有竞争者数量最小（零），创业者率先利用上游差异性新组件产生产品独特性（稀少最高水平）。在瑞传 modem 案例中，有很多家专业 modem 厂商已经开始积极利用，既有竞争者数量大，使上市后新事业的产品稀少程度小。在世洋案例中，既有竞争厂商有4家，使产品稀少程度中等。根据资料，本研究定义既有竞争者数量为差异化开始时已经利用上游新组件的竞争厂商数量。本研究假设：在产业内通用知识强的条件下，创业者与竞争厂商执行差异化的速度一样。在此假设下，既有竞争者数量的测量，可计算产品上市时已推出相同差异性新产品的竞争厂商数。

命题 3Ca：既有竞争者数量越小，则产品稀少程度越大。

表 5-7　既有竞争厂商数量与产品稀少程度

案例证据	含义；构念（水平）	产品稀少程度
1995 年中 IPC 市场还在 486 阶段，但上游 Intel 和矽统已推出 133MHz 的奔腾 CPU 和芯片组	上游新组件是尚未被利用的；既有竞争者数量（小 = 0）	（大：独特）
modem 产业厂商存活的关键就是拼产品上市的速度。上游 Rockwell 大厂一定优先支持 modem 大厂	既有竞争者多；既有竞争者数量（大）	（小：不稀少）
三月底大家在同一个时间出货，总共有五家公司同时出货	既有竞争者数量（中 = 4）	（中：稀少）

既有竞争厂商投资利用程度：既有竞争者对上游组件投资利用程度会影响上市后的产品需求强度，案例证据如表 5-8 所示。在表 5-8 的瑞传工业电脑案例中，在决策时没有既有竞争者，投资利用程度为零，细分市场整体需求强度就等于产品需求强度。在瑞传 modem 案例中，多家既有竞争者总的投资利用程度大，大厂的产品吸收了全部市场需求强度，使瑞传产品的需求强度小。世洋案例中，4 家既有竞争者投资利用程度中等，使产品需求强度中等。本研究定义既有竞争者投资利用程度，指在差异化开始时既有竞争厂商利用上游新组件的投资额程度。测量方式可比较竞争者与创业厂商的产量规模、相对成本和市场占有率。根据案例证据显示，既有竞争者的投资利用程度越大，则吸收的市场需求越大，负向调节细分市场整体需求强度与产品需求强度的正向关系。

命题 3Cb：既有竞争者投资利用程度负向调节细分市场整

体需求强度与产品需求强度的正向关系。

表5-8 既有竞争者投资利用程度与产品需求强度的关系

案例证据	含义；构念（水平）	构念（水平）
	没有既有竞争厂商；既有竞争厂商投资利用程度（小）	产品需求强度（大）
瑞传14 400 modem量产后价格一直跌。大厂一批十万台，瑞传一千台，成本大于大厂FOB卖价	竞争者量大、成本低；既有竞争厂商投资利用程度（大）	产品需求强度（小）
世洋开始跟昆盈、致伸的量产差不多。但是客户主要掌握在他们手里。三个月后进来十几家公司	竞争者投资利用程度中；既有竞争者投资利用程度（中）	产品需求强度（中）

　　潜在竞争者行动延迟程度：潜在竞争者行动延迟程度会影响产品竞争优势持久程度，案例证据如表5-9所示。在表5-9的瑞传工业电脑案例中，潜在竞争厂商延迟了三个月到半年推出奔腾主机板，使瑞传产品优势在三个月到半年以后降低，导致一段期间的产品利润较高。在瑞传modem案例中，潜在竞争者少，多数是既有竞争者，产品有竞争劣势，因此符合瑞传工业电脑案例中发现的关系。在世洋案例中，仅2～3个月的时间就有十几家竞争者跟进了光学鼠标细分市场，潜在竞争者行动延迟程度中等，使产品竞争优势持久性中等。根据资料本研究定义潜在竞争者行动延迟程度为，潜在竞争厂商比创业厂商利用新组件晚的程度。测量方式可计算潜在竞争厂商比创业厂商推出产品晚的月数。案例显示，潜在竞争者行动延迟程度越小，则机会窗口越短，竞争者较早进入使得新企业产品竞争优势持久程度越小，则一段期间的产品利润越低。

　　命题3Cc：潜在竞争者行动延迟程度，正向调节产品竞争优势程度与产品利润的正向关系。

表5-9　潜在竞争者行动延迟程度与产品竞争优势持久程度

案例证据	含义；构念（水平）	含义；构念（水平）
研华判断初期没有奔腾主机板市场，认为做奔腾是错误的方向，研发只要求跟得上。神通也不积极。瑞传领先三个月到半年推出奔腾工业电脑主机板	竞争者晚三个月以上；潜在竞争厂商行动延迟程度（大）	垄断寡占半年；产品竞争优势持久程度（大）
瑞传推出14 400 modem的时候，已经有10几家竞争厂商的产品上市了	很少潜在竞争厂商	产品竞争劣势
两、三个月后进来十几家公司。到2000年年底的时候已经有几十家公司了	陆续跟进；潜在竞争者行动延迟程度（中）	产品竞争优势持久程度（中）

以上三项构念共同显示出竞争情势对创业者差异化的有利程度，它们最终影响产品利润。瑞传工业电脑中竞争情势的有利程度大，因此产品利润大。瑞传modem案例中竞争情势的有利程度是负的（不利程度大），导致亏损。世洋案例中竞争情势的有利程度中等，因此产品利润中。根据以上分析本研究可定义竞争情势的有利程度的构念。

命题3Cd：竞争情势的有利程度越大，则产品利润越大。

4. 职能互补厂商知识程度

与创业者合作的职能互补厂商的知识程度，影响差异化的速度，进而影响产品稀少程度，案例证据如表5-10所示。根据表5-10显示，瑞传工业电脑案例中创业者要利用与设计职能互补厂商合作。互补厂商的知识程度大，使得产品的设计速度快且率先上市，取得独特性。在世洋案例中，创业者要利用与外观设计厂商合作，设计出第二款光学鼠标。设计公司的知识程度大，使产品外观差异程度大。本研究定义职能互补厂商知识程度，指职能互补厂商知识的强度、差异性、稀少性的整体程度。测量方式可检验职能互补厂商人员的相关工作年数是否足够长并担任管理者，是否有差异与稀少的知识。

命题 3D：职能互补厂商知识程度越高，则产品差异程度或产品稀少程度越高。

表 5-10　职能互补厂商知识程度与产品竞争力属性

案例证据	含义；构念（水平）	
设计公司两位人员有 10 年的工作经验，设计过奔腾 PC 主机板。从奔腾 PC 转到 IPC 难度较低。设计人员从 486 升级到奔腾 IPC 主机板设计的难度较高	10 年的工作经验，设计过奔腾 PC 主机板；职能互补厂商知识程度（大）	产品稀少程度（大：独特）
没有职能互补厂商	职能互补厂商知识程度	
我们老板很注重外观。他认为当滑鼠光学技术已经普及，接下来就要凭造型外观取胜。所以第二款产品我们就和一家工业设计公司合作，花钱设计外观。设计公司已成立两年，帮将盟和鸿海设计过产品	互补厂商能力中等；职能互补厂商知识程度（大）	产品差异性（大）

由于创业机会结构中各项目的属性最终都会影响产品利润的高低，因此它共同构成一个不可观察的潜藏着利润的潜伏构念。本研究定义并命名为创业机会结构的有利程度。创业机会结构中各项目的属性程度共同显示出有利程度的高低。

命题 4：创业机会结构的有利程度越大，则产品利润越大。

（四）创业团队知识对产品差异化的影响

1. 创业团队的知识成分

资源基础学者 Barney（1991）将资源分为一般的和异质的，创业学者 Chandler（1996）提出了产业特殊经验知识概念，它介于跨产业一般资源与异质资源中间。参照资源基础观,本研究将知识分为跨产业一般知识和产业特殊经验知识。产业特殊经验知识是仅仅在相同产业或相关产业中有用,能产生产品与服务并解决产业问题的知识。本研究再将产业特殊知识区分为两种成分:产业内通用(一般)知识、异质知识。产业内通用知识是产业内厂商都有的不稀少的、同质的产业特殊知识,只能产生无差异、不稀少的产品与竞争平手的效果。异质知识是创业者和产业内少数厂商有的产业特殊知识,可以产生产品差异、稀少性与竞争优势。以下检验案例中这两种知识成分。

2. 异质知识

异质知识是差异与稀少的知识,相同产业创业者不一定有异质知识。表 5 - 12 列出三个案例中创业者是否有异质知识的案例证据。根据表 5 - 11 三个案例证据显示,初期产品差异除了来自上游组件的差异,还有知识产生的差异,因此创业团队没有异质知识。本研究不包含异质知识属性对产品竞争力属性的影响。

表 5 - 11 四个案例中创业者是否有异质知识

案例证据	异质知识
竞争厂商三个月到半年后也推出类似规格的奔腾主机板	(没有)
瑞传 14.4k modem 上市太慢,使得产品是没有差异的	(没有)
第一批产品出来是求速度。设计方面蛮普通的,比较粗糙。价格跟竞争者差不多,主要还是在于组件带来的差异	(没有)

3. 产业内通用知识强度与产品优势

因为创业者与团队是从相同产业厂商中走出来的,过去的经历使他们有一定的产业内通用知识,但产业内通用知识强度可能不同。表 5 - 12 列出三个案例的产业内通用知识强度与产品稀少程度的案例证据。表 5 - 12 显示,成功的两个案例中创业者特征与 Chandler（1996）的创业者层次的研究结果一致，包含：产业内工作年数长、担任管理者。这些是创业者的经历属性，它们使创业者的产业内通用知识强。这种关系符合资源基础观的主张：累积过程时间长则资源存量大。团队特征与 Bruton 等（2012）的团队层次研究结果一致，包含团队职能互补、完整、合作、接近即有团队，使团队的产业内通用知识强。案例证据显示，成功的两个案例中都有显示产业内通用知识强度大，失败的案例中投入的产业内通用知识强度不大。此显示进入相同产业成长期创业要跨过产业内通用知识强度的门槛，否则会产生竞争劣势，因此产业内通用知识强度大是创业与差异化成功的必要条件。

4. 任务环境知识强度和事业的技能或能力强度对差异化的影响

Chandler（1996）将产业特殊知识按照属于新事业内部或外部再分解为任务环境知识和事业的技能或能力。任务环境知识指潜在创业者的关于产品、顾客、供应商、竞争者的知识。产业内通用知识强度大包含了任务环境知识强度大和事业的技能或能力强度大。Chandler、Shane 的研究已经得出机会发现与决策阶段的结论：任务环境知识强，则创业者能够较早发现创业机会并形成策略。事业的技能或能力强指创业团队的事业管理和技术知识强，它们可以执行策略，并保证新事业与竞争者的差异化速度相同。案例证据显示，由于产业内通用知识与厂商是同质的，不会产生产品差异，因此事业的技能能力强度大，可以保证新事业产品研制的速度与竞争者一样快，使既有竞争者数量与产品稀少程度的反向关系成立。事业的技能或能力强度小，则新事业产品研制的速度比竞争者的速度慢，在既有竞争者数量小的条件下使产品稀少程度降低（部分潜在竞争者更早推出新产品），使新事业产生竞争劣势。

命题4：事业的技能或能力强度正向调节既有竞争者数量与产品稀少程度的反向关系。

表 5-12　四个案例的产业内通用知识强度与产品竞争优劣势

案例证据	含义；构念（水平）	产品稀少程度
张棱衡、陈志中已担任五年工业电脑产品经理和业务经理。好的产品经理要五年以上的经验	团队成员工作5年，担任产品经理；事业的技能、能力（大）	（大）
两位 modem 设计人员工作了两年，但因为他们在别家公司上班，没全心投入，所以研发落后	设计人员投入不足；事业的技能、能力（小）	（小）
由将盟公司总经理、一位协理、两位研发副理、一位厂长、一位采购、一位财务主管组成创业团队。总经理和协理都有15年以上的工作经历	团队成员工作10多年，担任高、中级管理者；事业的技能、能力（大）	（中）

第五节　讨论

本书将创业机会构成项目变量化，提供了对创业机会价值的测量，建立了"初始时点创业机会—差异化后上市时点产品竞争力属性—竞争优势—未来一段期间结束时点绩效（销售额、利润）"的理论模型，揭露了创业机会解释未来利润的内在因果逻辑关系链。研究结果的作用、应用和扩展如下：（1）解答了"创业机会是什么？"它的本质、结构的问题。创业机会是狭义特殊的机会，是一个多项目构成的有利的情境结构（创业机会结构），能产生差异的新产品，产品更为高度的与目标顾客的需要适配，进而产生竞争优势和利润。（2）建立的差异化阶段理论模型实际是相同产业微型新兴细分市场的第一进入者优势理论，也是创业组织经济学的 S-C-P（结构—行为—绩效）模型。（3）理论模型可以应用在创业决策阶段，帮助创业者根据构成创业机会变量的参数值，评估机会价值，选择更有利的机会。（4）理论模型可以应用在未来的量化实证研究，建立包含创业机会的实证模型，更精准地测量机会价值，更有效地预测未来绩效。（5）可以扩展到研究其他创业类型，逐步发展出更加一般性的创业理论模型。例如，将上游的新组件扩展为新要素，包含新组件、新技术、新设备、新原料、新平台、新产品。

第六节　结论

一、研究结果

本研究得到以下发现：第一，相同产业成长期和技术改变期利用新组件形成的机会、创业成功的必要条件是创业者与团队的产业内通用知识强度大。第二，创业机会是决策与差异化开始时产业环境中存在的特殊结构，被命名为创业机会结构，它的构成项目包含: 存在上游差异性新组件；存在下游市场需求；竞争情势有利，多数竞争者不积极；存在职能互补厂商。第三，利用创业机会可以实现差异化成功，创业机会结构构成因素的属性产生三个产品竞争力属性、产品竞争优势与产品利润。此阶段的因果关系包含：组件有价值的差异程度正向影响产品有价值的差异程度；既有竞争者数量反向影响产品稀少程度；整体市场需求强度正向影响产品需求强度，也受到既有竞争者投资利用程度的反向调节；产品有价值的差异程度、产品稀少程度、产品需求强度正向影响产品竞争优势程度；产品竞争优势程度正向影响产品利润，也受到潜在竞争者行动延迟程度的正向调节。研究结果清楚地解答了本研究问题。

二、理论贡献

本研究针对相同产业成长期和技术改变期利用新组件形成的机会创业的现象，聚焦在主要产品差异化阶段的机会、知识、产品、优势交集现象，建立的是完整的特殊类型创业理论。这种理论在适用的类型中的解释力和实用价值更高。本研究对创业、策略和经济学理论都有贡献。对创业理论的贡献包含：由于差异化阶段是创业能否成功最核心的阶段，因此本研究建立的整合理论模型使创业理论有了核心。本研究对创业机会有多方面的理论补充，包含描述出了创业机会结构，厘清了创业者知识的构念、产品层次的构念，以及差异化阶段的因果关系，解答了创业机会的本质、构成、功能、后果的问题。因为参照策略与经济学理论观，因此本研究建立的其实是创业策略理论。本研究桥接了创业、策略与经济学，引导不同领域的学者对话。

三、实务含义和研究限制

本研究理论的实务价值包含：在产业内通用知识强的必要条件下，若存在上游差异的新组件形成的创业机会，则能实现差异化成功，因此值得投入创业；否则不应该创业。创业机会结构概念可以协助潜在创业者在创业决策阶段辨认是否存在创业机会，避免创业时没有机会或利用的不是创业机会。本研究存在的限制包念：案例数少局限了建立的理论成为相同产业成长期和技术改变期创业的一般性理论。建立了外部因素形成的机会对产品、优势、利润的影响模型，没有包含创业者内部创新异质知识形成的机会对产品、优势、利润的影响。由于时间久远可能使创业者回忆的资料不正确，可能导致推论的局部瑕疵。为了聚焦本研究忽略了差异化过程中的因素，以及创业者特质等因素的影响。

附　录

创业者能力和机会对产品差异化优势的影响

本研究针对相关产业成长期创业的差异化阶段进行探索性研究。研究问题：哪些知识和机会概念的构成因素产生产品属性与竞争优势？经过对方太公司案例的探索，得出以下结论：低相关产业成长期创业的产业特殊知识门槛低，创业团队的学习创新能力强，创业决策时存在创业机会，才能使产品差异化成功。创业机会是一个潜藏着利润的特殊产业结构，本研究命名为创业机会结构，它由以下项目构成：（1）下游存在市场需求并成长；（2）忽视产品问题的竞争者数量多；（3）创业者有异质理念知识。差异化成功将产生上市新产品的三个产品竞争属性，即产品需求强度、产品有价值的差异程度、产品稀少性。这三个产品竞争属性正向影响产品竞争优势程度，进一步影响后续的利润。

引言

相关产业成长期创业是指创业者在一次创业的基础上，进入一个相关但不相同的成长期的产业创业。例如，台湾做扫描仪的全友公司的技术长夏汝文带着一个团队，利用数码影像处

221

理技术，进入到数码相机产业创立了做数码相机的华晶科技公司。现实中这类创业的结果有些是成功的、有些是失败的。由于能否获利与赚取多少利润显示出创业的成败和绩效高低，因此引出创业执行阶段的初步问题：在相关产业成长期创业，哪些初始因素决定了创业利润的高低？通常创业开始时还没有产品，之后要做出产品才能产生后续绩效，因此在时间维度上可以将创业现象分解为：初始因素—新产品—创业绩效，创业理论也可呈现为这种形式。

现有创业理论对上述问题没有提供完整的解答。回顾创业理论可以使我们了解此类现象中哪些部分未被解答，从而可对未研究的部分聚焦。第一，在新事业战略层次的量化研究方面，Chandler，Hanks，McDougall，Robinson，Denisi 研究发现，产品的差异程度显著影响绩效[1][2]，Bamford、Deans、McDougall 研究发现，独特产品数显著影响绩效[3]。这些研究结果已经解决了上述因果关系的后段，但没有解决前段，因此引导我们聚焦到前段的问题：什么初始因素产生差异性产品？由于一个新事业可能有多个产品线，因此这类研究结果也指出，可以将分析层次从新事业层次聚焦到单一产品线层次，探索从初始因素到差异性产品上市的产品差异化阶段。第二，过去的一般量化创业研究包含了相关产业成长期创业的样本和其他创业样本。过去创业者层次研究方面，Siegel，Macmillan 研究得出，以相似产业工作年数代替衡量的相似产业经验显著影响创业成功与绩效[4]。此结论显示相似产业经验知识是一项初始因素。即使创业者的相关产业经验强，但是由于进入新产业存在知识与资源的缺口，即创业时创业者并不完全拥有进入该产业创业所需的所有产业特殊知识与资源，他能否弥补这种差距存在的不确定性。因此存在需要探索的问题：什么因素使创业者能弥补产业特殊知识与资源的差距？第三，奥地利经济学者 Shane 和创业学者 Busenitz、West Ⅲ、Shepherd 等指出，创业机会是影响创业成败的一项初始因素[5][6]。但迄今没有学者描述出相关产业创业机会的样子，它由哪些项目构成？以及它为何影响产品差异化？特别是，因为在进入的成长期产业中已存在很多竞争者，在这种条件下为何以及是否存在创业机会也有待探索。根据文献回顾显示，应进一步探索相关产业创业机会中更细的构成因素，以及它对产品差异化的影响。

上述讨论显示，在相关产业成长期创业的产品差异化阶段仍存在许多未解开的问题，因此本研究聚焦在此阶段，并研究问题：哪些知识和机会概念的构成因素产生产品属性与竞争优势？本研究的目的为：经由对此类现象进行深入探索，揭露出相关产业创业中影响产品差异化的知识与机会的深层原因，建立整合知识与机会解释产品差异化及利润的特殊类型创业的解释因素理论。

1　文献回顾

本段对照初始因素—产品因素—绩效的理论形式回顾创业文献，呈现出已有的成果和未解决的问题。实证创业研究可归类到几个研究途径，回顾的同时也指出这些途径对应的战略和经济学理论观。

1.1　创业者层次研究

Chandler、Siegel、Macmillan 从创业者层次进行量化实证研究发现，以相似产业工作年数代替衡量的相似产业经验最能够有效区别成败或绩效的高低[7][4]。其次，Chandler、Gartner、

Starr、Bhat 研究发现，以是否担任过管理职位代替衡量的管理经验也具有跨研究的显著性[7][8]。通常量化研究模型的整体解释力不高。由于工作年数长较易升为管理者，可以推断成功创业者的相似产业经验和管理经验是高度重叠的，因此可以合并为一个相似产业经验知识强度变数。

从这些研究可以得到以下启示。这些研究找出了创业者的相似产业经验知识强度是重要解释方向，它是创业成功的必要条件。这与 Coope、Gimeno-Gascon、Woo 指出的相似产业经验知识强度大可以降低新事业新的负债的观点一致[9]。这些研究仍存在以下不足。第一，这些模型跳过了中介的产品，没有建立以创业者知识解释产品差异化再解释创业绩效的理论。第二，这些研究忽略了外部机会因素对产品差异化与创业绩效的影响。第三，因为以相似产业工作年数代替衡量相似产业经验知识，隐含这种知识是相关产业内其他竞争厂商都有的，不一定是异质的（差异与稀少的）。依据资源基础观这种知识不能解释产品差异，因此这些研究没有抓到能解释产品差异化的异质知识。第四，相似产业经验知识强度是前一个产业中的知识，进入到相关产业后，这种知识是不够的，存在知识和资源的缺口。以前的这些研究并没有提到如何填补这些缺口。

由于产业特殊知识是创业者的一种资源，因此 Alvarez、Busenitz 建议，可以将资源基础观应用于创业者层次研究与发展创业理论[10]。由于不知道哪些资源基础观的主张与探索相关，因此本研究在资料分析部分再引入资源基础观的主张。资源基础观由于忽略外部因素，以资源直接解释竞争优势，跳过了中介的产品，因此对产品差异化过程不能提供完整解释。

1.2　新事业战略层次研究

新事业战略层次的创业研究引用了 Porter 提出的差异化战略理论，战略执行程度以产品差异程度或独特产品数进行操作性衡量[11]。Chandler、Hanks，McDougall、Robinson、DeNisi，Baum、Locke、Smith，Li、Atuahene-Gima 的实证都显示，产品品质差异程度或性能差异程度显著影响新事业绩效[1][2][12][13]，Bamford、Deans、McDougall 的研究显示，独特产品数显著影响新事业绩效[3]。战略层次模型的解释力很高。由于独特不是维度，而是稀少性的最高水平，因此从这些研究结果可得到启示：新事业推出差异或稀少性产品，则可以产生高绩效。由于这些研究已解决了创业理论形式后段的问题，因此可以使我们聚焦到前面的产品差异化阶段，探讨哪些初始因素产生差异与稀少性产品。Porter 的研究以及这些战略层次的创业研究的不足处为，都没有指出什么因素导致产品差异性和稀少性，没有解释差异化过程。

1.3　机会角度的创业研究

奥地利经济学者 Shane、Venkataraman 指出，创业机会是一个情境，在其中存在低度利用的资源和新资源相结合的方式，它使创业者能推出新产品并获取利润[14]。由于创业者是在发现和评估过机会后，才采取行动利用机会，并在未来提供新产品，因此创业机会是在决策与差异化执行过程的开始时存在的初始因素，而且没有被竞争者完全利用。Shane 的案例研究得出，一项新技术产生并且与某潜在创业者的先前知识互补，创业者发现利用此技术可以产生新产品并提供到市场，而后他发现了一个创业机会[5]。从 Shane 的研究与理论文献可得到到以下启示：第一，Shane 的理论在机会发现与创业决策阶段整合了知识和机会，因此也显示出在机会利用与创业执行阶段，建立整合知识和创业机会解释产品差异化的理论发展方向。第二，若将机会视为一种情境，则 Shane 的研究隐含地包含了：上游存在新技术；下游存在市场；此机会是其他竞争者还未发现与利用的。这些研究和理论存在以下不足：第一，目前创业机会仍为一个理念，没有发展为一个概念。学者没有描述出相关产业成长期创业机会是什么样子，是由什么构成的，也不清楚它对产品差异化及利润的影响。第二，创业机会没有与创业者知识进行整合，共同解释产品差异化及利润。

1.4　文献评述

过去创业学者没有将一般创业现象进行分类，也没有发展相关产业成长期创业的特殊类型理论。上面回顾了主要几个研究流派，可知以下问题仍未解决：第一，过去的研究没有聚焦在产品差异化阶段，因此没有整合创业者知识和创业机会解释产品差异化。还没有回答问题：创业者知识与创业机会怎样的结合能解释产品差异化？第二，由于进入相关产业创业存在知识和资源缺口，创业者层次研究得到的相似产业经验知识不足以解释相关产业成长期创业的产品差异化。还没有回答问题：能解释产品差异化的创业者知识是什么样的？知识的什么属性影响产品差异化和利润？第三，机会角度的研究没有描述出相关产业创业机会是什么样子的。还没有回答问题：创业机会是由哪些项目共同构成的？为何它影响产品差异化和利润？第四，战略与产品层次的研究忽略了产品差异化阶段。还没有回答问题：哪些前因变数影响产品差异性与稀少性？针对以上问题，本研究将透过探索性案例研究予以解答。

2　研究方法

2.1　研究方法

Eisenhardt 指出，当我们对某一个现象的所知很少，也没有人深入探索过该现象；现有的理论不足以解释它，仍存在未解决的问题；对已经研究的课题需要提供新鲜的观点；在进入田野前无法依赖先前的文献或实证结果推导出命题；在这些情况下理论建立的案例研究方法特别适用[15]。由于本研究符合这些适用条件，因此采用这种探索性案例研究方法。

2.2　研究设计与执行

本研究针对相关产业成长期的创业现象，聚焦在新事业的产品差异化阶段。本研究的案例是：相关产业成长期创业之成功或失败的新事业。Yin 指出，分析单位采取镶嵌的多分析层次设计，可以归纳出更为丰富和完整的模式[16]。总分析单位是主要产品线层次，还包含：创业者、环境、竞争者及产品层次。在进入田野前已知的先验概念（priori constructs）包含：创业者知识、创业机会和新产品[15]。本研究是首次探索相关产业成长期创业，目的是发现新的解释观点，因此不要求案例数多。本研究选择一个案例进行探索，研究者寻找到方太公司，因为创业者茅理翔父子是从点火枪产业到成长期的抽油烟机产业创立了方太公司，因此它属于低相关产业成长期二次创业的成功案例。资料收集包含先从书籍、媒体报道、浙江省企业管理研究学会收集二手资料，再以电话访问方太公司董事长茅理翔先生，收集一手资料。Yin 指出，访问创业者以及收集不同媒体报道的多种资料，可以对创业中的事实进行资料三角验证，增加效度[16]。本研究运用 Miles、Huberman 以及陈向民介绍的方法整理资料[17][18]。

资料分析为单一案例内资料分析。运用 Strauss、Corbin 提出的扎根理论的主轴编码和开放编码方法[19]，根据资料形成概念，包含概念的命名、定义、衡量与证据，并形成概念间关系与理论架构。在初步分析后，本研究对照了理论观进行深入分析。

3 宁波方太厨具有限公司案例描述

茅理翔先生是宁波飞翔集团公司和宁波方太厨具有限公司的董事长。他先创立了飞翔点火枪公司，逐渐发展成为世界点火枪大厂。1995 年之前因为点火枪产业竞争激烈，已经微利化，使茅理翔先生决定进行二次创业。在这之前，茅先生开发过很多小产品，但是因为没有事先做市场调研，最终这些产品都失败了。面对二次创业的紧迫性，1995 年茅理翔先生将刚从上海交通大学电力专业研究生毕业，原计划赴美攻读博士学位的儿子茅忠群召回来，一起进行二次创业。

当时公司上下普遍看好厨房设备，尤其是抽油烟机和微波炉。他们吸取了过去只重产品、不重市场而失败的经验教训，1995 年 4 月、5 月茅氏父子先组织人员分别到广东、上海等地，对国内的厨房设备生产厂家以及国内用户购买能力做了详细调查。

调查结果表明抽油烟机市场正处于成长期并且需求潜力巨大，随着生活水平的提高和中国住房改革的热潮，抽油烟机正大步进入现代家庭。当时中国年产抽油烟机仅为 300 万台，而实际需求量更高。但是由于过去抽油烟机产业需求旺盛，进入产业的技术门槛较低，生产成本不高，产业平均利润较大的特点，吸引了众多的企业进入该产业。在 1995 年时市场上已有 200 多家抽油烟机厂商相互竞争，仅以慈溪为例，方圆几百里内，同类产品已是强手林立。帅康、老板、玉立等几个全国知名品牌占据了大部分国内市场。这些厂商在20世纪80年代或90年代早期就开始生产抽油烟机，并已经形成了一定的知名度。此时跻身其中无异于虎口夺食，似乎成功的胜算不大。

另外，在进一步的走访用户家庭中了解到，市面上流行的抽油烟机存在吸烟不充分、漏油、拆洗难、噪声大、耗电、不够美观的六大缺点。市面上虽然已经有不少抽油烟机产品，但是进口抽油烟机普遍是按照西方人的烹调方式设计的，国产抽油烟机又大部分模仿国外的产品设计。跟西方的烹调方式比起来，中国的烹调方式油大烟重，因此这些模仿的抽油烟机的风量和吸力都达不到理想水平，不适合中国家庭做菜油烟大的特点。而且由于设计结构不合理，普遍存在滴油、漏油和油烟机拆洗不易的缺点。这些缺点使消费者对抽油烟机怨声载道，很多人认为还不如用一个换气扇好。由于这些缺点，使抽油烟机市场的增长已经开始呈现回落趋势，一些小厂纷纷关闭，玉立、老板等知名品牌的销售也开始严重下滑。看来，投资抽油烟机的市场风险非常大。相比之下微波炉市场则是刚刚起步，技术提升的潜在空间会更高。

茅忠群先生认为，由于传统的明火烹调习惯根深蒂固，对中国人烹调环境的改善来说，抽油烟机是一种生活必备品，而微波炉却是可有可无的产品，一款好的抽油烟机比微波炉更为关键。更重要的是，在抽油烟机这个产品领域里，由于存在六大缺点，现有抽油烟机可以满足消费者对清除油烟的基本要求，但消费者还没有得到过一个超越起码的"好"的抽油烟机。茅忠群经过紧慎分析后认为，市场已呈现的颓势并不是因为中国不存在油烟机的市场，而是因为没有真正适合中国消费者的好产品。而市场上现有的抽油烟机在式样、油路、拆洗、风量、噪声、耗电量等方面大有改进的潜力。若将市场上现有抽油烟机的六大缺点改为六大优点，即可以成为方太进入抽油烟机市场的切入点，就可以做出更好的产品与同行竞争。相比之下，微波炉在当时属于可有可无的先驱设备，且价格不菲，还不是消费者的首选消费目标。

基于深入的分析和对自己见解的认可，茅忠群先生成功地说服了原本主张上马微波炉的茅理翔先生等董事会成员，将公司进行一次大的战略转型，上马抽油烟机项目。于是在1995年8月左右，在一片反对声中和没有人愿意冒风险共同投资的情况下，茅氏父子毅然决定投资一千多万元进入抽油烟机产业。

1995年茅忠群先生是研发抽油烟机的核心人士，他带飞翔的3、4个工程师一起研发抽油烟机。将现有抽油烟机的六大缺点改为六大优点是研发思路，在此思路下他们特别将工业设计理念引入到产品设计中来，当时在国内是第一个这样做的公司。浙江宁波一带已聚集了抽油烟机的配套厂商，电机等零部件可以从外部购得，但是为了将抽油烟机做到吸力强劲而噪声小，他们必须对风机的结构和叶片重新进行设计。他们修改了风机的叶片数，叶片的长度、宽度、厚度等参数。就油烟机理造工艺来说，从研发到生产阶段进行了几十道程序的试验。经过3个多月的时间，方太研发出了第一台抽油烟机。1996年1月，新的抽油烟机已进入试产阶段时，二次创业的方太公司正式成立。

1996年3月方太率先推出了自主研发的第一款"罩电分离拆洗更易"的深罩型大圆弧流线性抽油烟机。它采用了封闭式油槽，从结构上杜绝了漏油；罩电分离技术使拆洗更安全方便；在降低噪声、增加吸排能力等方面，方太的产品也都有了很大的改进。这款抽油烟机改进了原有抽油烟机的六大缺陷，在式样、油路、拆洗、风量、噪声、耗电量方面都有改善。方太这款专门针对中国厨房特点设计的抽油烟机，尽管售价比市场同类产品的价格更高，但刚刚投产500台便被抢购一空。接着方太进行抽油烟机的批量生产，1996年6月起方太批量生产的产品上市销售，产品定价在1 200元左右，毛利率超过三成。方太的第一款产品一炮打响、供不应求，当年销售3万台。第二年销售量15万台。第三年销售量30万台。

初步的成功给了茅氏父子极大的鼓舞和更加坚定的信心。父子俩乘胜追击，进行更加深入的市场调研，将开发出更贴近目标市场需求的产品作为企业的奋斗目标，之后又推出了电脑控制型、人工智能型、智能调速式、VFD显示型、煤气自动报警型等有高科技含量的产品，以及适合上海等地小厨房特点、具有一定的功率和吸力的介于深型与薄型之间的"亚深型"的抽油烟机。

产品上市后方太开始建立销售体系，并且打广告促销产品和建立品牌。由于产品性能高、质量好、价格高，属于中高端市场，使方太后来逐渐确立了专业化、中高档、精品化的三大战略定位。之后坚持将每年收入的5%投入研发，并且建立质量管理系统和售后服务系统，使产品创新、质量和服务保持领先，来支持战略定位。

用扶摇直上来形容二次创业的方太是再合适不过了，它在短短两年半的时间内跃居为抽油烟机产业市场占有率第二名。

4　资料分析与理论建立

资料分析运用表格并以斜体字形式呈现案例证据，同时列出以这些资料形成的概念。由于因果关系是有时间顺序的，因此案例资料分析需要在时间轴上指出重要的时间点、时段和因果变数。对方太案例我们可以按时间先后分出以下时点和时段：

1995年4月到8月二次创业决策阶段：市场调研—决策（产品差异化）

1995年8月到1996年6月，执行战略阶段：差异化开始（开始研发第一款抽油烟机新产品）—差异化过程（研发、生产过程）—差异化结束（产品上市销售）

4.1 二次创业决策阶段（1995年4月到8月）

这一阶段的重点为经过调研发现了抽油烟机市场中的创业机会，它使产品差异化能成功（即做出更好的抽油烟机）。

4.1.1 产业特征

产业特征是现象发生的范围条件，会产生理论特殊性。创业决策时的产业特征见表1。根据表1的资料显示，经过市场调查，创业者看到了进入创业的产业有以下特征：产业需求成长；进入产业的技术门槛较低；产业内竞争者很多，创业厂商属于后进入者；存在竞争风险。单纯看到上述条件，创业者应该不会决定创业。吸引他进入的因素是除此之外他还看到了创业机会。下面分析决策时点的因素和差异化阶段。

表1　决策时的产业特征

案例证据	因果概念
抽油烟机市场正处于成长期，需求潜力巨大。随着生活水平的提高和中国住房改革的热潮，抽油烟机正大步进入现代家庭。当时中国年产抽油烟机仅为300万台，而实际需求量更高	市场需求量大、成长

案例证据	因果概念
由于过去抽油烟机产业需求旺盛，进入产业的技术门槛较低，生产成本不高，产业平均利润较大，吸引了众多的企业进入该产业	产业特殊知识门槛低
在 1995 年时市场上已有 200 多家抽油烟机厂互相竞争，在慈溪方圆几百里内，同类产品已是强手林立。帅康、老板、玉立等几个全国知名品牌占据了大部分国内市场。这些厂商在 20 世纪 80 年代后期或 90 年代早期就已经开始生产抽油烟机，并已经形成了一定的知名度	既有竞争者多，方太是后进入者
此时跻身其中无异于虎口夺食，似乎成功的胜算不大	存在受竞争者威胁的风险

4.1.2 创业者的知识成分

本研究对创业者的知识成分进行了分解，以便分析清楚资料中的前后因果关系。资源基础学者 Barney 将资源分为一般的和异质的（厂商特殊的），并且指出能产生持久竞争优势的异质资源具有有价值、稀少、难以模仿和难以替代的属性[20]。Chandler、Siegel、Macmillan 的创业研究已经揭露出了产业特殊知识与相似产业经验知识是解释创业成功的重要变数[4] [7]。在相关产业创业的类型中，进入产业的产业特殊知识介于跨产业一般资源与异质资源的中间。相似产业经验知识指在创业前创业者工作的产业中的经验知识，对进入创业的产业而言，这些知识构成了产业特殊知识的一部分，但还缺乏互补的知识成分。参照资源基础观，本研究将知识分为跨产业一般的知识和进入创业产业的产业特殊知识。产业特殊知识是在进入创业的产业中有用，能产生产品与服务并解决产业中顾客的问题，拿到非相关产业没用的知识。本研究再将创业者的产业特殊知识区分为两种成分：产业内通用知识与异质知识。产业内通用知识是产业内厂商都有的、一般的、不稀少的和同质的产业特殊知识，只能产生产品无差异、不稀少与竞争平手的效果。产业内的工作时间长，使创业者能取得足够强的产业内通用知识。异质知识是创业者和产业内少数厂商有的产业特殊知识，具有有价值的差异和稀少性，可以产生产品差异、稀少性与竞争优势。异质知识通常经由创业者的研发创新活动或模仿新技术知识取得。

从创业前创业者工作的产业与进入创业产业的关系角度看，在创业前创业者拥有相关产业知识，但是这种知识对已进入的产业而言，它成为构成产业特殊知识的一部分，但是单纯这种知识是不足的，还需要其他的互补知识，才能成为产业特殊知识的全部。创业者必须通过学习取得进入产业的互补知识，才能拥有完整与足够强的产业特殊知识。

创业决策时点的条件和创业者的知识成分案例证据见表2。包含抽油烟机产业特殊知识强度门槛低，创业者的抽油烟机产业特殊知识强度小，一次创业的事业有宽裕的资金，创业者的点火枪相关产业知识强度大，创业者有抽油烟机产业的异质理念知识，创业团队高素质人才具有创新能力。根据表2的资料显示，低相关抽油烟机产业的产业特殊知识门槛低，使得进入障碍不高，进入的难度较小，此为低相关产业创业能成功的前提条件。创业者缺乏抽油烟机产业的产业特殊知识，这使新创事业进入后存在风险。但由于产业特殊知识门槛低，使进入的新创事业可以通过学习补足知识差距。一次创业的相关事业为二次创业提供了有用的资源，包含宽裕的资金、团队高素质人才和点火枪事业的强势管理和运作知识，即相关产业知识强度大，这些条件构成相关产业创业差异化成功的必要条件。创业者还有进入产业的异质理念，它是异质知识最初始的形式。可以将部分点火枪相关事业的管理和运作知识移转到抽油烟机事

业上来，高素质的人才团队具有学习与创新的能力。未来能经
学习弥补产业内通用知识的缺乏，并能经研发活动将异质的理
念发展成为立即可用的异质产品知识，即发展出有效的新产品
设计、制造、营销知识。

表2　研发团队成员素质与产业知识门槛

案例证据	因果概念
由于过去抽油烟机产业需求旺盛，进入产业的技术门槛较低，产业平均利润较大，吸引了众多的企业进入该产业	产业特殊知识强度门槛低
没有掌握抽油烟机产业知识	创业者产业特殊知识强度小
茅先生毅然决定投资一千多万进入抽油烟机产业	宽裕的资金
茅理翔将刚从上海交大电力专业研究生毕业，原计划赴美攻读博士学位的儿子茅忠群召回来一起进行二次创业 1995年茅忠群带飞翔的3、4个工程师一起研发抽油烟机	团队人才高素质具有创新能力
茅理翔先生是宁波飞翔公司董事长。他先创立了飞翔点火枪公司，逐渐发展成为世界点火枪大厂	相关产业知识强度大
而市场上现有的抽油烟机在式样、油路、拆洗、风量、噪声、耗电量等方面大有改进的潜力。若将市场上现有抽油烟机的六大弱点改为六大优点可以成为方太进入抽油烟机市场的切入点，可以做出更好的产品与同行进行竞争	异质知识（理念）

　　案例资料显示的含义与Chandler研究结果显示的含义一致。
Chandler研究得出，当事业相似性中等偏高时，即新事业一部
分是复制原事业的，另外存在创新和差异的成分时，创业成功
率和绩效最高[7]。当事业相似性很低时，即创业者到低相关产
业创业时，创业成功率低和绩效是负的。此研究结果揭露出，
进入相关程度低的产业创业，产业特殊知识和资源的门槛必须
较低，以便创业者能利用一部分相关产业知识和资源，利用另
一部分进入产业内学习互补知识，补足产业特殊知识的差距。
反之，产业相关性很低，若进入产业的产业特殊知识强度门槛

很高时，这种类型创业将因为存在较大产业特殊知识与资源缺口，多数创业者会因为无法有效填补这种缺口而导致失败。

4.1.3 存在创业机会结构

创业机会是产业环境中的特殊情境，存在创业机会创业才容易成功[5]。创业决策时点产业环境中的机会特征案例证据见表3。根据表3的资料显示，市场调研后，在决定做抽油烟机的决策时点，产业中存在以下特征：忽略产品问题的竞争者数量多。由于多数竞争者的产品是模仿国外的，没有实现本土化，不适合中国，因此对中国消费者而言，产品存在六大缺点。例如国外烧菜油烟小，中国炒菜油烟大，因此模仿国外做的吸烟量小的抽油烟机不能满足中国消费者。创业者有异质知识（理念）。创业者认知到了竞争者产品存在的缺点和问题，同时想到了改善现有产品缺点的方法。当时这种知识只是理念，即知识的最初形式。下游市场需求量大而且成长。在决策时点还没有产品时，创业者是看到了这三项条件共同构成的情境结构，就决定创业了，因此这个结构里存在着一种东西对创业者有吸引力。

表3 产业环境中的机会特征

案例证据	因果概念
抽油烟机的市场需求潜力巨大，随着生活水平的提高，尤其是中国住房改革的热潮，抽油烟机正大步进入现代家庭。当时中国年产吸油机仅为300万台，而实际需求量更高。可以推断，抽油烟机市场正处于成长期	因：市场需求量大、成长
市面上流行的抽油烟机存在吸烟不充分、漏油、拆洗难、噪声大、耗电、不够美观的六大缺点。这是由于当时抽油烟机大部分是模仿国外的产品，风量和吸力达不到理想水平，不适合中国老百姓做菜油烟大的特点。而且由于设计结构不合理，普遍存在滴油、漏油的弊病。另外油烟机拆洗不易	因：忽略产品问题的竞争者数量多

案例证据	因果概念
市场上现有的抽油烟机在式样、油路、拆洗、风量、噪声、耗电量等方面大有改进的潜力。若将市场上现有抽油烟机的六大弱点改为六大优点可以成为方太进入抽油烟机市场的切入点，可以做出更好的产品与同行进行竞争。	因：创业者有异质理念

本研究参照文献，将上述三项因素归纳为更为抽象与一般的概念，对它们共同构成的情境概念化，包含命名、定义、衡量和证据。后面的分析将指出，这三项决策时的因素结合在一起构成了产业环境中的一种特殊情境结构，它使创业者采取战略行动，率先做出比竞争者更好的产品，上市后产品具有竞争优势（获利能力大），使产品差异化成功，并能赚得利润（绩效）。由于决策时同时存在的这三项因素使产品创新与差异化成功，它们接近 Shane 描述的构成机会的因素[5]，是产业环境中的一种特殊情境[13]，因此它们共同构成了创业机会。另外它们是一种特殊产业结构，诱发了创业者采取创业战略行动，并在未来产生绩效，符合产业组织理论中的 S-C-P 模型。因此本研究命名与定义概念创业机会结构：它由三个项目构成，多数竞争者忽略产品中的问题；创业者有异质知识（理念）；下游存在整体市场需求而且成长。由于创业机会结构是创业时点的变数，由此可得以下命题。

命题一：产业中存在创业机会结构，则二次创业能成功。

接下来分析差异化阶段，创业机会结构构成因素的属性程度与上市后产品竞争属性间的关系，以及产品竞争属性与竞争优势和利润的关系。

4.2　产品差异化阶段（1995 年 8 月到 1997 年）

产品差异化阶段包含利用决策时（差异化开始时）抽油烟

机产业的创业机会，研发第一款新抽油烟机产品，经过研发、生产、销售的差异化过程，到差异化结束时产品上市销售再到产生未来的利润。由于从已知的成功结果往前分析更易呈现实现成功的因素，因此分别分析：产品上市时的产品竞争优势与两年内产品利润的关系；产品上市时的产品竞争属性与产品竞争优势的关系；差异化开始时的创业机会结构的构成项目的属性与上市时的产品竞争属性的关系。

4.2.1 产品竞争优势与产品利润的关系

Barney 指出，当某事业的获利能力高于产业平均获利能力，则此事业有竞争优势[20]。类推到产品层次，本研究定义产品竞争优势程度是指产品的相对获利能力，即它的获利能力高于产业中产品的平均获利能力，特别高于竞争产品的获利能力。产品获利能力是某一时点的单位时间利润流量，可透过产品毛利率和单位时间销售量衡量。产品获利能力乘以时间即为一段期间的利润。上市时产品竞争优势以及两年内的产品利润的案例证据见表 4。

表 4　产品竞争优势与两年内产品利润

案例证据	因果概念
产品定价在 1 200 元左右，售价比市场同类产品价格更高，毛利率超过三成。产品供不应求	因：产品竞争优势大（毛利大 × 销量大）
1996 年销售 3 万台。第二年销售 15 万台利润 3 400 万元	果：利润大（两年）约三个资本

根据表 4 的资料显示，从产品上市时起，因为产品毛利高与销量大，使产品获利能力大，即这项产品具有竞争优势。估计 1996、1997 年两年内的营收＝1 200 元 ×18 万＝2.16 亿元。利润为 3 400 万（以价格、两年销量和 1999 年年度的净利润率

的 16% 估算 = 1 200 元 ×18 万台 ×16%）。显示从 1996 年 6 月产品批量上市，到 1997 年年底的一年半的时间里，累积的产品利润大，相当于 1 000 万元创业资本的三倍多。由于产品竞争优势程度高，导致产品利润高，因此可得出以下明显的命题。

命题二：产品竞争优势程度大，则产品利润大。

4.2.2 产品竞争属性与产品竞争优势的关系

Porter 以更低成本或独特性能解释产品竞争优势[11]，资源基础学者 Barney 指出资源有价值性和稀少性是竞争优势的来源[20]。参照前述理论可分解出更细的产品竞争属性。由于产品属性是产品竞争优势的基础，因此产品竞争属性必须将产品的属性与竞争者产品的属性进行对比，若存在差异（即性能更好或成本更低），才能产生产品竞争优势。产品的独特性能实际包含了产品属性的差异程度和稀少性这两个维度。产品属性差异必须对目标细分市场中的顾客有价值，则此差异有价值。独特不是维度，而是稀少性的最高水平。本研究参照了经济学的市场形态理论，将产品稀少性由高到低的水平进行排序，例如独特、两家有的稀少，到不稀少，与经济学的独占市场、两家寡占市场、到完全竞争市场对应。上市时产品竞争属性与上市时产品竞争优势的案例证据见表 5。

表5 上市时产品竞争属性与上市时产品竞争优势

案例证据	因果概念
第一款"罩电分离拆洗更易"的深罩型大圆弧流线性抽油烟机，改进了原有油烟机的六大缺陷，在式样、油路、拆洗、风量、噪声、耗电量方面都有改善。它采用了封闭式油槽，从结构上杜绝了漏油；罩电分离技术使拆洗更安全方便；在降低噪声、增加吸排能力等方面也都有了很大的改进	因：产品有价值的差异程度（大）
1996 年 3 月方太率先推出了自主研发的第一款"罩电分离拆洗更易"的深罩型大圆弧流线性抽油烟机	因：产品稀少性（最大：独特）

案例证据	因果概念
产品供不应求，当年销售3万台	因：产品需求强度（大）
产品定价在1 200元左右，毛利率超过三成。产品供不应求，当年销售3万台	果：产品竞争优势程度（大：毛利高、销量大）

  根据表5的资料显示，从产品上市的时点起，产品有价值的差异程度、产品稀少性、产品需求强度，此三项产品属性影响产品竞争优势程度。根据表6的资料显示，与竞争者的产品相比方太的产品有六大优点，假设每一项优点具有10%的差异，则六项就有60%的差异，此显示产品差异大。这些差异都是顾客要的，是有价值的。顾客愿意高价购买，使产品获利能力强。因为这种产品差异只有方太有，因此产品是稀少的最高水平，即独特的。这也使方太在高档细分市场中没有竞争产品，方太产品有独占利润，因此获利能力强。在供给固定的条件下，产品需求强度愈大，即产品需求线愈向右移，则产品的价格愈高，获利能力愈高，即产品竞争优势愈高。

  根据资料本研究定义产品有价值的差异程度概念，是指产品属性与竞争产品属性的相对差异程度，通俗地说就是对目标细分市场的顾客来讲此产品的性价比更高。有价值的是指产品属性相对差异对下游特定目标细分市场的顾客有价值。产品有价值的差异程度的量化衡量，可以计算新产品绩效比竞争产品的绩效超出部分的相对百分率。无法量化衡量的可经由主观判定。资料显示，产品有价值的差异程度愈大，则产品竞争优势程度愈大。产品稀少性的衡量可以计算差异性新产品上市时有相同差异性新产品的竞争厂商数。稀少性最高水平为独特，次高为两家寡占特定细分市场的稀少性。**Porter** 的主张以及经济学的市场形态理论已经指出：产品稀少性愈大，则产品竞争优势程度愈大。根据资料本研究定义产品需求强度为，对新事业此项差异性产品的市场需求线所在位置偏右的程度。产品需求强度的衡量，可以在给定产品的可获利的价格下，计算单位时间产品销售量。经济学的市场均衡理论指出，当产品需求愈强，即需求线位置愈靠右，则均衡的价格和销量愈大，使产品获利能力与竞争优势程度愈大。

由上述分析可得以下命题。

命题三：产品有价值的差异愈大、产品稀少性愈大、产品需求强度愈大，则产品竞争优势程度愈大。

4.2.3 创业机会结构构成因素的属性与产品竞争属性的关系

（1）异质理念差异程度与上市时产品差异程度

独特的理念是异质知识的初始形式，经过研发试产过程做出差异的产品后，它转变为具体化的异质知识，并且将知识的差异转变为产品的差异。决策时异质理念差异程度与上市时产品差异程度的案例证据见表 6。

表 6　异质理念差异程度与产品差异程度

案例证据	因果概念
市场上现有的抽油烟机在式样、油路、拆洗、风量、噪声、耗电量等方面大有改进的潜力。若将市场上现有抽油烟机的六大缺点改为六大优点可以成为方太进入抽油烟机市场的切入点，可以做出更好的产品与同行进行竞争。现有的抽油烟机的六大缺点使老百姓们怨声载道	因：异质理念有价值的差异程度（大）
第一款"罩电分离拆洗更易"的深罩型大圆弧流线性抽油烟机，改进了原有油烟机的六大缺陷，在式样、油路、拆洗、风量、噪声、耗电量方面都有改善。它采用了封闭式油槽，从结构上杜绝了漏油；罩电分离技术使拆洗更安全方便；在降低噪声、增加吸排能力等方面也都有了很大的改进	果：产品有价值的差异程度（大）

根据表 6 的资料显示，创业者认知到解决竞争者产品六个缺点的方法，则异质理念有价值的差异程度大。异质理念是异质知识的初始形式。以创业者的异质理念与竞争者的产业内通用知识相比，能显示出异质理念差异程度。解决竞争者产品六个缺点显示异质理念差异程度大。若创业者仅认知到解决竞争者产品中一个缺点的方法，则异质理念差异小。改善六个缺点对下游高端市场的顾客有价值，使异质理念差异具有有价值的前提。根据资料本研究定义，异质理念有价值的差异程度为创业者的异质理念与竞争者的产业内通用知识相比的差异程度，并且差异具有有价值的前提。衡量方式为以异质理念解决的竞争者产品中的缺点的数量与程度大小。异质理念差异（解决竞争产品六个缺点），经过高素质人才团队执行的研发和试产过程，转化为产品有价值的差异（新产品的六大优点）。由此可得以下命题。

命题四：异质理念有价值的差异程度愈大，则产品有价值的差异程度愈大。

（2）异质理念稀少性与产品稀少性

决策时的理念稀少性、忽略产品缺点的竞争者数量与上市时产品稀少性相关，案例证据见表 7。根据表 7 的资料显示，忽略产品六大缺点的竞争者数量多，只有创业者想到解决竞争者产品的六大缺点，使创业者的异质理念独特，是稀少性的最高水平。由于忽略产品问题的竞争者数量愈多则异质知识稀少程度愈大，二者是现象的一体两面，是完全相关的，为简化理论本研究选择异质知识稀少性为原因变数，它即为 Barney 指出的资源稀少性 [21]。本研究定义异质知识稀少性，是指创业者的异质知识在产业中的稀少程度。衡量方式为计算产业中有这种异质知识的竞争厂商数。异质理念独特，经过高素质人才团队执行的研发和试产过程，使得做出的产品是独特的。由于独特是稀少性的最高水平，上述因果关系是一个特例，因此可得以下命题。

命题五：异质理念稀少性愈大，则产品稀少性愈大。

表7　异质理念稀少性、忽略产品缺点的竞争者数量与产品稀少性

案例证据	因果概念
市面上流行的抽油烟机存在六大缺点。这是由于当时抽油烟机大部分是模仿国外的产品，风量和吸力达不到理想水平，不适合中国老百姓做菜油烟大的特点。若将市场上现有抽油烟机的六大弱点改为六大优点可以成为方太进入抽油烟机市场的切入点（独特）	因：忽略产品问题的竞争者数量（多）因：异质理念稀少性（大：独特）
1996年3月方太率先推出了自主研发的第一款"罩电分离拆洗更易"的深罩型大圆弧流线性抽油烟机	果：产品稀少性（大：独特）

（3）整体市场需求强度与产品需求强度

经济学告诉我们，整体市场需求强度可以由个别厂商的产品需求强度相加得出。决策时点的整体市场需求强度与上市后个别厂商的产品需求强度的案例证据见表8。根据表8的资料显示，整体市场需求强度大，使新事业的产品需求强度大。整体市场需求强度愈大，即市场需求线愈靠右，使创业厂商的产品需求愈强，即产品需求线愈靠右。由此可得以下命题。

命题六：整体市场需求强度愈大，则产品需求强度愈大。

表8　整体市场需求强度与产品需求强度

案例证据	因果概念
抽油烟机市场需求潜力巨大，正处于成长期。随着生活水平的提高与中国住房改革的热潮，抽油烟机正大步进入现代家庭。中国年产吸油机当时仅为300万台，而实际需求量更高	因：整体市场需求强度大、成长
产品供不应求，当年销售3万台	果：产品需求强度大

（4）产业间相关性、产业特殊知识门槛、学习创新能力的影响

相关产业创业，创业者缺乏进入产业的知识，存在一个知识缺口。创业者为何能弥补缺口，并且将产品理念转变成具体的产品，存在一些影响变数。经资料分析发现，创业时点的产业间相关性、产业特殊知识门槛、创业团队学习创新能力是影响变数，案例证据见表9。

产业相关性概念接近 Chandler 提出的事业相似性概念，当新事业与原事业的产品、市场、技术、供应商、竞争者愈相似，则产业相关性愈大[7]。按照 Chandler 研究得出的结果，一般而言，进入相关性小的产业创业，失败率高且绩效差[7]。根据表9的资料显示，点火枪和抽油烟机产业间相关性小，但是创业与差异化成功了。案例现象与 Chandler 的研究结果不一致，显示除了产业间相关性，还有其他变数影响相关产业创业能否成功。后面分析将指出，进入产业的产业内通用知识强度门槛低和创业团队的学习创新能力大，影响了创业与差异化成功。本研究之所以不采用事业相似性概念，而采用产业相关性概念，是因为产业相关性揭露了创业的范围条件（scope condition）的改变，而事业相似性无法揭露范围条件的改变。下面先分析产业间相关程度的影响。

若产业间相关性愈高，则相关产业知识转化成进入产业的产业特殊知识的程度将愈高，知识缺口越小，使新事业更易具备差异化成功的必要条件，将使异质的理念较快转化成异质的产品知识，使产品稀少性较大。反之，若产业间相关性愈低，则转变相关产业知识成为产业特殊知识的比率将愈小，知识缺口越大，创业者愈难以达到产业特殊知识强度的门槛水平，这

将使异质理念成功转变为异质产品的时间愈晚，使产品稀少性愈低。以上分析显示产业间相关性影响产品理念更快转变成产品，由此可得以下命题。

命题八：产业间相关程度正向调节，异质理念稀少性与产品稀少性的正向关系。

表9　产业间相关性、产业特殊知识门槛、创业团队学习创新能力

案例证据	因果概念
市场上现有的抽油烟机在式样、油路、拆洗、风量、噪声、耗电量等方面大有改进的潜力。若将市场上现有抽油烟机的六大弱点改为六大优点可以成为方太进入抽油烟机市场的切入点	因：异质理念稀少性（大）
经过3个月多的时间，方太基本研发出了第一台抽油烟机	果：产品稀少性（大）
茅理翔先创立了飞翔点火枪公司，逐渐发展成为世界点火枪大厂	调节变数：产业间相关性（小）
由于过去抽油烟机产业需求旺盛，进入产业的技术门槛较低，吸引了众多的企业进入该产业	调节变数：产业特殊知识强度门槛（低）
茅理翔将刚从上海交大电子电力专业研究生毕业的儿子茅忠群召回来进行二次创业。1995年茅忠群带飞翔的3、4个工程师一起研发抽油烟机。为了将抽油烟机风机做到吸力强劲而噪声小，他们对风机的结构和叶片都做了重新的设计，修改了风机的叶片数，叶片的长度、宽度、厚度等参数。就油烟机理造工艺来说，从研发到生产阶段进行了几十道程序的试验	调节变数：创业团队学习创新能力强度大

根据表9的资料显示，抽油烟机产业处于产业生命周期的成长早期阶段，技术门槛低与产业的进入者多，显示出产业特殊知识强度门槛低。抽油烟机的技术原理就是风扇的技术原理，国内早已具备了风扇的技术。门槛低，则创业者较容易在学习中取得产业特殊知识，达到这个门槛，具备差异化成功的必要

条件，使异质理念较快转化成异质产品知识，使差异化成功得较早，产品稀少性较大。若产业特殊知识门槛高，则更适合高相关产业创业，而非低相关产业创业。因为若由低相关产业进入，将不易经由学习快速取得大量产业特殊知识，不易达到产业特殊知识的高门槛，会使差异化时间过长，创业更易失败。由此可得以下命题。

命题九：产业特殊知识强度门槛负向调节，异质理念稀少性与产品稀少性的正向关系。

根据表9的资料显示，一次创业的事业拥有高素质的人才团队，他们拥有学习能力和有效执行研发制造活动的能力，能够学习取得互补知识，并结合成完整的产业特殊知识，能够有效执行研发创新活动，使产品差异化成功。由于人才素质程度与学习创新能力有高度相关性，为简化理论，本研究选择后者作为因变数。本研究定义：创业团队的学习创新能力强度，是创业团队学习产业内通用知识与通过研发和制造创造新产品的能力大小。学习创新能力强度大即影响将异质理念转变为异质新产品的时间，也影响异质新产品的差异程度。由此可得以下命题。

命题十：学习创新能力强度正向调节，异质理念有价值的差异程度与产品有价值的差异程度的正向关系。

命题十一：学习创新能力强度正向调节，异质理念稀少性与产品稀少性的正向关系。

（5）新公司创立时间与异质知识形式

资料分析后发现，创业与差异化决策时点，茅理翔父子并没有立即成立公司开始创业，而是在新产品研发出来后，进入试产阶段时才开始正式创立公司。差异化开始时点、新公司创立时点的案例证据见表 10。

表 10　差异化开始时点、新公司创立时点

案例证据	因果概念
1995 年 8 月左右，茅氏父子毅然决定投资一千多万元进入抽油烟机产业。	差异化开始时点
经过 3 个月多的时间，基本研发出了第一台抽油烟机。1996 年 1 月，新的抽油烟机已进入试产阶段时，二次创业的方太公司正式成立。	新公司成立时点

选择在研发完成进入试产阶段创立公司，而非在看到创业机会结构时就创立公司。因为在决策时点创业者已有异质知识，但这种异质知识只是一种理念，还没有具体可用化，将理念发展成具体的产品要经历研发与制造的过程，这个过程中存在很高的不确定因素与风险。若在理念出现时就创业而言，新事业将面临很多的不确定因素和风险。而在产品已研发成功并进入试产阶段时，此时理念的知识已具体化为产品的设计与制程，创业者可以很明确地比较新产品与竞争者产品的性能特征，并确定新产品存在有价值的差异，因此此时创业的不确定性和风险均较低，这是二次创业的一个重要特征。

整合上述差异化过程中各阶段分析得出的结论，可得出差异化阶段的因果关系理论架构图（如图 1 所示）。理论架构图显示，若创业者利用决策时点存在的创业机会结构，经过差异化过程（研发制造产品），就能产生产品差异、独特性与产品竞争优势，最终能赚取利润。因此创业机会结构能使差异化过程成功，它里面潜藏着利润。

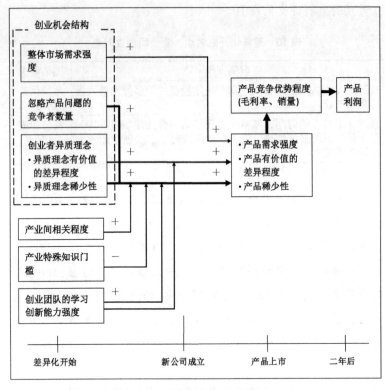

图1　差异化阶段理论架构图

5　结论

5.1 研究结果与理论贡献

　　本研究探索得出，影响低相关产业成长期创业差异化成功的因素如下：第一，进入创业的产业处于成长早期，产业特殊知识门槛低。第二，创业团队的学习创新能力强，能够在学习和创新中填补产业特殊知识的缺口，使新事业具有差异化的必要条件。第三，必须在相关产业创业决策时存在创业机会，才能使产品差异化成功。创业机会是在一段期间同时存在的一组因素共同构成的潜藏着利润的特殊情境，本研究定义与命名它为创业机会结构。创业机会结构的构成项目包含：下游存在市场需求并成长。忽视产品问题的竞争者数量多。创业者有异质知识（理念），即创业者找到了解决竞争者产品缺点的方法。第四，利用创业机会结构使差异化成功，产生上市新产品的三个竞争属性，即产品需求强度、产品有价值的差异程度、产品稀少性。这三个产品竞争属性正向影响产品竞争优势程度（即产品的相对获利能力），并影响一段期间后的产品利润。第五，在已经将异质产品理念通过研发与生产过程转化成异质产品时才正式创业，可以避免二次创业的不确定性和风险。研究结果清楚地解答了本研究问题。

本研究的理论贡献包含：第一，本研究建立的整合理论是针对相关产业成长期创业最核心的差异化阶段的理论。第二，本研究发现了创业机会结构，描述出了创业机会的样子，并分析清楚了它对产品竞争属性和竞争优势的影响。第三，本研究厘清了创业者知识下层的概念以及它们对产品竞争属性的影响。第四，本研究厘清了产品层次的概念。

5.2 研究限制和未来研究建议

本研究是初次探索相关产业成长期创业的差异化阶段，得出的理论存在以下限制：首先仅仅探索了单一案例，使得本研究理论还不能成为相关产业成长期创业的一般性理论。第二，虽然本研究透过交叉验证可以得到主要资料上的观点，但资料收集不够深入，还未达到饱和状态。第三，为了聚焦本研究忽略了差异化过程中的因素，以及创业者特质因素的影响。

立基在本研究基础上，未来的研究可以朝以下方向发展：第一，未来应增加相关产业成长期创业案例来验证、修正、补充和强化本研究得到的理论，建立类型内一般的理论。第二，未来可以进行跨类型比较研究，发展更一般性的创业理论。

参考文献

[1]　Chandler G N, Hanks S H. *Market attractiveness resource-based capabilities, venture strategies, and venture performance* [J]. Journal of Business Venturing, 1994, 9(4): 331-349.

[2]　McDougall P P, Robinson JR R B, DeNisi A S. *Modeling new venture performance: an analysis of new venture strategy, industry structure, and venture origin* [J]. Journal of Business Venturing, 1992, 7(4): 269-289.

[3]　Bamford C E, Deans T J, McDougall P P. *An examination of the impact of initial founding conditions and decisions upon the performance of new bank start-ups* [J]. Journal of Business Venturing, 2000, 15(3): 253-277.

[4]　Siegel R, Siegel E, Macmillan I C. *Characteristic distinguishing high-growth ventures* [J]. Journal of Business Venturing, 1993, 8(1): 169-180.

[5]　Shane S A. *Prior knowledge and the discovery of entrepreneurial opportunities* [J]. Organization Science, 2000, 11(4): 448-469

[6]　Busenitz L W, West III G P, Shepherd D, et al. *Entrepreneurship research in emergence: Past trends and future directions* [J]. Journal of Management, 2003, 29(3): 285-308.

[7]　Chandler G N. *Business similarity as a moderator of the relationship between pre-ownership experience and venture*

performance [J]. Entrepreneurship Theory and Practice, 1996, (20:3), pp. 51-65.

[8]　Gartner W B, Starr J A, Bhat S. *Predicting new venture survival: An analysis of anatomy of a start-up: Case of Inc. Magazine* [J]. Journal of Business Venturing, 1999, 14(2): 215-232.

[9]　Cooper A C, Gimeno-Gascon F J, Woo C Y. *Initial human and financial capital as predictors of new venture performance.* Journal of Business Venturing, 1994, 9(4): 371-395.

[10]　Alvarez S A, Busenitz L W. *The entrepreneurship of resource-based theory* [J]. Journal of Management, 2001, 27(6): 755-775.

[11]　Porter M E. *Competitive Strategy* [M]. NY: The Free Press, 1980.

[12]　Baum J R, Locke E A, Smith K G. *A multidimensional model of venture growth* [J]. Academy Of Management Journal, 2001, 44(2): 292-303.

[13]　Li H Y, Atuahene-Gima K. *The adoption of agency business activity, product innovation, and performance in chinese technology ventures* [J]. Strategic Management Journal, 2002, 23(6): 469-490.

[14]　Shane S A, Venkataraman S. *The promise of entrepreneurship as a field of research* [J]. Academy of Management Review, 2000, 25(1): 217-226.

[15]　Eisenhardt K M. *Building theories from case study research* [J]. Academy of Management Review, 1989, 14(4): 531-550.

[16]　Yin R. *Case Study Research: Design and Methods* [M]. Beverly Hills, CA: Sage, 1994.

[17]　Miles M B, Huberman A M. *Qualitative data analysis* [M].

2nd ed., Thousand Oaks, California: Sage, 1994.

[18] 陈向民 . 社会科学质的研究 [M]. 台北市：五南图书公司，2002 年。

[19] Strauss A, Corbin J. 质性研究入门：扎根理论研究方法 [M]. 吴芝仪，廖梅花译 . 2 版 . 台湾嘉义市：涛石文化公司，2001.

[20] Barney J. *Firm resources and sustained competitive advantage* [J]. Journal of Management, 1991, 17(1): 99-120.

参考文献

[1] 奥斯特瓦德，皮尼厄.商业模式新生代[M].王帅，毛心宇，严威，译.北京：机械工业出版社，2011.

[2] 白景坤.机会逻辑下企业持续竞争优势的形成机理：动态能力多重观点的整合与拓展[J].经济管理，2014，36（3）：180-188.

[3] 毕先萍，张琴.创业机会差异成因探析与未来研究展望：基于发现观和创造观融合的视角[J].外国经济与管理，2012，34（5）：18-25.

[4] 陈凯凯.文创企业动态能力与创业绩效关系机理多案例研究[M].兰州：兰州大学出版社，2018.

[5] 陈震红，董俊武.创业机会的识别过程研究[J].科技管理研究，2005（2）：133-136.

[6] 董保宝.资源整合过程、动态能力与竞争优势：机理与路径[J].管理世界，2011.

[7] 杜小民，葛宝山.战路与创业融合新视角下的动态能力研究[J].外国经济与管理，2014，37（2）：18-28.

[8] 方世健，创业过程中的企业家机会发现研究[J].外国经济与管理，2006，12（12）：18-24.

[9] 符惠明，秦永和.基于个体特质的创业动态能力培养机理

探析 [J]. 社会科学家，2014（9）：69-72.

[10] 郭红东，周惠琚. 先前经验、创业警觉与农民创业机会识别：一个中介效应模型及其启示 [J]. 浙江大学学报（人文社会科学版），2013，43（4）：17-27.

[11] 胡望斌，张玉利. 我国新企业创业导向、动态能力与企业成长关系实证研究 [J]. 中国软科学，2009（4）：107-118.

[12] 蒋丽，蒋勤峰，田晓明. 动态能力和创业绩效的关系：新创企业和成熟企业的对比 [J]. 苏州大学学报，2013（4）：120-125.

[13] 焦豪，魏江，崔瑜. 企业动态能力构建路径分析：基于创业导向和组织学习的视角 [J]. 管理世界，2008（4）：91-106.

[14] 刘井建. 创业学习、动态能力与新创企业绩效的关系研究：环境动态性的调节 [J]. 科学学研究，2011，32（2）：127-132.

[15] 刘烨. 企业家资源、动态能力和企业创业期的绩效：兼与台湾高科技企业的对比研究 [J]. 科学学研究，2013，31（11）：1680-1686.

[16] 苗青. 企业家的警觉性：机会识别的心理图示 [J]. 人类工效，2008，14（1）：6-9.

[17] 唐鹏程，朱方明. 创业机会的发现与创造：两种创业行为理论比较分析 [J]. 外国经济与管理，2009，31（5）：15-22.

[18] 王迎军，韩炜. 新创企业成长过程中商业模式的建构研究 [J]. 科学学与科学技术管理，2011（9）：51-58.

[19] 魏炜，朱武祥. 发现商业模式 [M]. 北京：机械工业出版社，2009.

[20] 魏炜，朱武祥. 重构商业模式 [M]. 北京：机械工业出版社，2010.

［21］邬爱其，贾生华.企业成长机理理论研究综述 [J].科研管理，
2007，28（2）：53-58.

［22］谢如梅，刘常勇，方世杰.谁能辨识创业机会：知识、网络、
意图与创业警觉能力之关联性实证研究 [J].科技管理学刊，2013
（3）：1-26.

［23］杨俊，薛红志，牛芳.先前工作经验、创业机会与新技术
企业绩效：一个交互效应模型及启示 [J].管理学报，2011,8(1)：
116-125.

［24］张凤海.动态能力对新企业绩效的影响机理研究 [D].大连：
大连理工大学，2013.

［25］张敬伟.新企业成长过程研究述评与展望 [J].外国经济与
管理，2013，35（12）：31-39.

［26］张利斌，冯益.创业投资与被投企业相互作用机理：基
于企业动态能力理论视角 [C].2010 International Conference on
Broadcast Technology and Multimedia Communication，2010：
312-315.

［27］张梦琪.创业者社会资本、创业机会开发与新创企业成长
关系研究 [D].长春：吉林大学，2015.

［28］张治国.蒙牛内幕 [M].北京：北京大学出版社，2006.

［29］仲伟仁，芦春荣.环境动态性对创业机会识别可行性的影
响路径研究：基于创业者个人特质 [J].预测，2014，33（3）：
27-33.

［30］周芳苑.华硕传奇 [M].台北：商讯文化公司，1999.

［31］朱沛.创业机会对产品属性、竞争优势及利润的影响：上
游新组件形成的创业机会研究 [J].管理案例研究与评论，2017，
10（3）：277-296.

[32] 朱沛.创业现象的分类和特殊类型创业理论的发展 [J]. 创业管理研究，2007，2（3）：21-50.

[33] 朱沛.创业者的能力、创业机会对产品差异化优势之影响：在相关产业成长期创业之情境 [J]. 管理案例研究与评论，2010，3（2）：113-126.

[34] 朱沛.创业者能力和机会对产品差异化优势的影响 [J]. 管理案例研究与评论，2010，3（2）：113-126.

[35] 朱沛.创业机会对产品属性、竞争优势及利润的影响：上游新组件形成的创业机会研究 [J]. 管理案例研究与评论，2017，10（3）：277-296.

[36] 朱沛.创业战略管理 [M]. 厦门：厦门大学出版社，2015.

[37] 朱晓红，陈寒松，张玉利.异质性资源、创业机会与创业绩效关系研究 [J]. 管理学报，2014，11（9）：1358-1365.

[38] ACEYTUNO M，CÁCERES F R. *On the nature of technological opportunities： concept，origin and evolution* [J]. International Journal of Entrepreneurial Venturing，2012，4（2）：168-180.

[39] ADIZES I. *Corporate Life Cycles: How and Why Corporations Grow and Die and What to Do about it* [M]. Englewood Cliffs NJ: Prentice Hall, 1989.

[40] AMBOS T,BIRKINSHAW J M. *How Do New Ventures Evolve? An Inductive Study Of Archetype Changes In Science-Based Ventures*[J]. Organization Science, 2010, 21(6): 1125-1140.

[41] ANDRIES P, DEBACKERE K. *Adaptation in New Technology-Based Ventures: Insights at the Company Level* [J]. International Journal of Management Reviews, 2006, 8(2): 91-112.

［42］BAMFORD C E, DEANS T J, MCDOUGALL P P. *An examination of the impact of initial founding conditions and decisions upon the performance of new bank start-ups* [J]. Journal of Business Venturing, 2000, 15（3）: 253-277.

［43］BARNEY J. *Firm resources and sustained competitive advantage* [J]. Journal of Management, 1991, 17（1）: 99-120.

［44］BAUM J R, LOCKE E A,SMITH K G. *A Multidimensional Model of Venture Growth* [J]. Academy of Management Journal, 2001, 44(2): 292-303.

［45］BERGLUND H. Opportunities as existing and created: a study of entrepreneurs in the swedish mobile internet industry[J]. Journal of Enterprising Culture, 2007, 15（3）: 243-273.

［46］BRUTON G D,RUBANIK Y.*Resources of the Firm, Russian High-technology Startups, and Firm Growth* [J]. Journal of Business Venturing, 2002, 17(6): 553-576.

［47］BUSENITZ L W, WEST Ⅲ G P, SHEPHERD D, et al. *Entrepreneurship research in emergence: past trends and future directions* [J]. Journal of Management, 2003, 29（3）: 285-308.

［48］CAVAZOS, D. E., PATEL, P. and WALES, W., *Mitigating Environmental Effects on New Venture Growth: The Critical Role of Stakeholder Integration across Buyer and Supplier Groups* [J]. Journal of Business Research, 2012, 65(9): 1243-1250.

［49］CHANDLER G N,HANKS S H. *Founder Competence, the Environment, and Venture Performance* [J]. Entrepreneurship Theory and Practice, 1994, 18(3): 77-89.

［50］CHANDLER G N. *Business Similarity as a Moderator of*

the Relationship Between Pre-Ownership Experience and Venture Performance[J].Entrepreneurship Theory and Practice, 1996, 20(3): 51-65.

[51] CHANDLER G N, HANKS S H. *Market attractiveness resource-based capabilities, venture strategies, and venture perfor-mance* [J]. Journal of Business Venturing, 1994, 9（4）: 331-349.

[52] CHANDLER G N, JANSEN E J. *The founder's self-assessed competence and venture performance [J]. Journal of Business Venturing*, 1992, 7（3）: 223-236.

[53] COMPANYS Y E, MCMULLEN J S. *Strategic entre-preneurs at work*: *the nature, discovery, and exploitation of entrepreneurial opportunities* [J]. Small Business Economics, 2007（28）: 301-322.

[54] DEAN T J, MEYER G D, DECASTRO J. *Determinants of New-Firm Formations in manufacturing Industries: Industry Dynamics, Entry Barriers, and organizational Inertia* [J]. Entrepreneurship Theory and Practice, 1993, 18(2): 49-60.

[55] DELMAR F. Measuring *Growth:Methodological Con-siderations and Empirical Results* [M]//Donckels R,Miettinen A. Entrepreneurship and SME Research: On its Way to the Next Millennium. Aldershot, England: Ashgate, 1997:199-216.

[56] DIMOV D. *Grappling with the unbearable elusiveness of entrepreneurial opportunities* [J]. Entrepreneurship Theory And Practice, 2011（35）: 57-81.

[57] ECKHARDT J T,HANE S A.*Opportunities and Entre-*

preneurship [J].Journal of Management, 2003, 29(3): 333-349.

[58] EISENHARDT K M，MARTIN J A. *Dynamic Capabilities*: *What are They?*[J].Strategic Management Journal，2000，21(10): 1105-1121.

[59] EISENHARDT K M,SCHOONHOVEN C B. *Organizational Growth: Linking Founding Team, Strategy, Environment, and Growth among U.S.* Semiconductor Ventures, 1978-1988 [J]. Administrative Science Quarterly, 1990, 35(3): 504-529.

[60] EISENHARDT K M.*Building Theories from Case Study Research* [J]. Academy of Management Review, 1989, 14(4): 531- 550.

[61] FRANCIS D H， SANDBERG W R. *Friendship within entrepreneurial teams and its association with team and venture performance* [J]. Entrepreneurship Theory & Practice，2000，25(2): 5-25.

[62] GARNSEY E. *A Theory of The Early Growth of The Firm*[J]. Industry and Corporate Change, 1998, 7(3): 523-556.

[63] GARTNER W B，STARR J A，BHAT S. *Predicting new venture survival*: *an analysis of anatomy of a start-up*: *case of inc. magazine* [J]. Journal of Business Venturing，1999，14（2）: 215-232.

[64] HANSEN D J，SHRADER R，MONLLOR J. *Defragmenting definitions of entrepreneurial opportunity* [J]. Journal of Small Business Management，2011，49（2）: 283-304.

[65] HAYNIE J M, SHEPHERD D A, MCMULLEN J S. *An Opportunity for Me? The Role of Resources in Opportunity*

Evaluation Decisions[J].Journal of Management Studies, 2009, 46(3): 337-361.

[66] HENDERSON R, CLARK K B. *Architectural innovation：the reconfiguration of existing product technologies and the failure of established firms* [J]. Administration Science Quarterly，1990，35（1）9-30.

[67] KIRZNER I M. *Entrepreneurial Discovery and the Competitive Market Process: An Austrian Approach* [J]. Journal of Economic Literature, 1997, 35(1): 60-85.

[68] KIRZNER I M.*Competition and Entrepreneurship* [M]. Chicago: University of Chicago Press, 1973.

[69] KLOOSTERMAN R C. *Matching opportunities with resources: A framework for analyzing (migrant) entrepreneurship from a mixed embeddedness perspective* [J]. Entrepreneurship & Regional Development, 2010, 22(1): 25–45.

[70] KO S,BUTLER J E. *Alertness, Bisociative Thinking Ability, and Discovery of Entrepreneurial Opportunities in Asian Hi-Tech Firms*[J].Frontiers of Entrepreneurship Research, 2003: 421-429.

[71] LEE L,WONG P K,FOO M D,LEUNG A. *Entrepreneurial Intentions: The Influence of Organizational and Individual Factors* [J]. Journal of Business Venturing, 2011(26): 124-136.

[72] LIEBERMAN M,MONTGOMERY D B. *First-Mover Advantages*[J].Strategic Management Journal, 1988(9): 41-58.

[73] LOW M B. *The adolescence of entrepreneurship research：specification of purpose* [J]. Entrepreneurship Theory and Practice，2001，25（4）：17-25.

[74] LUMPKIN G T, HILLS G E,SHRADER R C. *Opportunity Recognition* [M]//WELSCH H P.Entrepreneurship: The Way Ahead, London: Routledge, 2004:73-90.

[75] LUMPKIN G T, LICHTENSTEIN B B. *The Role of Organizational Learning in the Opportunity-Recognition Process* [J]. Entrepreneurship Theory and Practice, 2005, 7: 451-472.

[76] MCDOUGALL P P,COVIN J G,ROBINSON JR,et al. *The Effects of Industry Growth and Strategic Breadth on New Venture Performance and Strategy Content* [J]. Strategic Management Journal, 1994, 15(7): 537-554.

[77] MCMULLEN J S, PLUMMER L A, ACS Z J. *What is an entrepreneurial opportunity?* [J].Small Business Economics, 2007, 28: 273-283.

[78] MILES M B, HUBERMAN A M. *Qualitative data analysis* [M]. 2nd ed .Thousand Oaks, California: Sage, 1994.

[79] PHELPS R, et al. *Life Cycles Of Growing Organizations: A Review With Implications For Knowledge And Learning* [J]. International journal of Management Reviews, 2007, 9(1): 1-30.

[80] PORTER M E. *Competitive strategy* [M]. NY: The Free Press, 1980.

[81] RENKO M,SHRADER R C,SIMON M. *Perception of entrepreneurial opportunity: a general framework* [J]. Management Decision, 2012, 50(7): 1233-1251.

[82] SARASON Y,DEAN T,DILLARD J F. *Entrepreneurship as the nexus of individual and opportunity: A structuration view* [J]. Journal of Business Venturing, 2006, 21(3): 286-305.

[83] SCHUMPETER J A. The *Theory of Economic Development* [M]. Cambridge MA: Harvard University Press, 1934.

[84] SHANE S A. *Prior Knowledge and the Discovery of Entre-preneurial Opportunities* [J]. Organization Science, 2000, 11(4): 448-469.

[85] SHANE S A,VENKATARAMAN S. *The Promise of Entre-preneurship as a Field of Research* [J]. Academy of Management Review, 2000, 25(1): 217-226.

[86] SHANE S. *Prior Knowledge and the Discovery of Entre-preneurial Opportunities* [J]. Organization Science, 2000(11): 448-469.

[87] SIEGEL R,SIEGEL E,MACMILLAN I C. *Characteristic Distinguishing High-Growth Ventures* [J]. Journal of Business Venturing, 1993(8): 169-180.

[88] STRAUSS A, CORBIN J. *Basics of qualitative research: techniques and procedures for developing grounded theory* [M]. 2nd ed .Thousand Oaks, California: Sage, 1998.

[89] TEECE D J, Leih S. *Uncertainty, Innovation, and Dynamic Capabilities: An introduction* [J].California Management Review, 2016, 58(4): 5-12.

[90] TEECE D J,PISANO G,SHUEN A. *Dynamic Capabilities and Strategic Management*[J].Strategic Management Journal, 1997,18(7): 509-533.

[91] TEECE D J. *Dynamic Capability and Strategic Manage-ment*[M].Oxford University Press, 2009: 509-533.

[92] TEECE D J. *Dynamic capability and the Multinational*

Enterprise[M]. Globalization. Springer Berlin Heidelberg, 2017.

［93］TUSHMAN M L，ANDERSON P. *Technological discontinuities and organizational environ*ments [J].Administrative Science Quarterly，1986，31（3）：439-465.

［94］UCBASARAN D，WESTHEAD P，WRIGHT M. *The focus of entrepreneurial research：contextual and process issues* [J]. Entrepreneurship Theory and Practice，2001，25（4）：57-80.

［95］VOHORA A, et al. *Critical Junctures in the Development of University High-Tech Spinout Companies* [J]. Research Policy, 2004, 33(1): 147-175.

［96］WOOD M S, MCKELVIE A. *Opportunity Evaluation As Future Focused Cognition: Identifying Conceptual Themes And Empirical Trends*[J].International Journal of Management Reviews, 2015(17): 256-277.

［97］YIN R. *Case Study Research: Design and Methods*[M]. Beverly Hills, CA: Sage, 1994.

［98］ZAHRA. *Entrepreneurship and Dynamic Capabilities: A Review, Model and Research Agenda* [J]. Journal of Management Studies, 2006, 43(4): 917-955.

［99］ZGEN E,BARON R A.*Social Sources of Information in Opportunity Recognition: Effects of Mentors, Industry Networks, and Professional Forums* [J].Journal of Business Venturing, 2007, 22: 174-192.